BREIS FAOINÁR nDÚCHAS SPIORADÁLTA

Léachtaí Cholm Cille XXX

in eagar ag

RUAIRÍ Ó hUIGINN

AN SAGART
MAIGH NUAD
2000

CLÁR

ISSN 0791 8658
ISBN 1 870 684 92 3 (bog)
1 870 684 94 X (crua)

An Cinnire Laighneach a chlóigh

FOCAL ÓN bhFEAR EAGAIR

Tionóladh an tríochadú sraith de Léachtaí Cholm Cille sa Díseart, An Daingean, ar an 9-10 Aibreán 1999. Ba í seo an dara huair do na Léachtaí a bheith ar siúl sa Ríocht. Is i nDún Chaoin a tionóladh an cúigiú sraith is fiche, *An Fhiannaíocht*, i 1994 agus faoi mar a tharla an uair sin, chuir muintir Chorca Dhuibhne fáilte mhór romhainn an turas seo freisin.

Breis faoinár ndúchas spioradálta ba théama do na léachtaí an uair seo. Ábhar é seo ar thugamar aghaidh air cheana, san ochtú sraith de Léachtaí Cholm Cille (1977), nuair is ag breathnú ar *Ár nDúchas Creidimh* a bhíothas. Ceathrar de na léachtóirí a labhair linn an uair sin, thugadar léachtaí arís dúinn an iarraidh seo.

Léachtaí ar ardchaighdeán a chualamar. Thug gach duine de na léachtóirí léargas grinn dúinn ar ghnéithe éagsúla den téama leathan seo: sa nualitríocht, sa bhéaloideas, sa naomhsheanchas, i litríocht chráifeach na seachtú haoise déag, agus i mbriochtaí agus i mblúirí de théacsanna draíochta a mhair sa tSean-Ghaeilge. Tá súil agam go músclóidh a bhfuil anseo spéis scoláirí eile sna réimsí atá clúdaithe acu agus go ngabhfar i mbun a thuilleadh cíortha agus plé ar na ceisteanna a thóg ár leachtóirí.

Tá ár mbuíochas tuillte ag ár bhfoilsitheoir, an Monsignor Pádraig Ó Fiannachta, a d'eagraigh an tsraith seo léachtaí sa Daingean agus a thug cúnamh mór eagarthóireachta dom. Táim fíorbhuíoch de na léachtóirí as an dua a chaith siad leis an ábhar a chur ar fáil, den lucht éisteachta a bhí linn, agus de Stain Ó hÍcí agus foireann an *Leinster Leader*, a rinne a gcúram clódóireachta go cáirdiúil slachtmhar mar is gnách leo.

RUAIRÍ Ó hUIGINN

5

AN FHÉILE I SCÉALTA CRÁIFEACHA AN BHÉALOIDIS

PÁDRAIG Ó HÉALAÍ

Scoil na Gaeilge, Ollscoil na hÉireann, Gaillimh

I

Tá éagsúlacht mhór sna gnéithe d'iompar an duine a chuirtear i láthair i scéalta cráifeacha an bhéaloidis sa tír seo. Tráchtar iontu ar shuáilcí agus ar dhuáilcí bainteach le téamaí difriúla atá lárnach sa saoldearcadh traidisiúnta, mar shampla, ómós do thuismitheoirí, síocháin idir lánúineacha pósta, meas ar rudaí agus ar phearsana naofa, ionraiceas, macántacht, agus mar sin de. Níl aon cheist, áfach, ná go bhfuil an charthanacht, agus go háirithe cleachtadh na féile, go mór chun tosaigh i measc na n-idéal a chuirtear i láthair iontu.[1] Tá téama na carthanachta go fairsing freisin i scéalta cráifeacha thíortha eile, de réir fhianaise innéacs na seanscéalta idirnáisiúnta, agus tá an téama céanna go mór chun tosaigh chomh maith, i scéalta eiseamláireacha na meánaoise.[2]

Má bhreathnaítear ar na scéalta cráifeacha i mbéaloideas na tíre seo mar tháirgí cultúrtha, is é atá i gceist leo ná friotal ar thuiscintí a bhí sa timpeall i measc na ndaoine i dtaobh cineálacha iompair a raibh treoir maidir leo le fáil freisin ó theagasc na hEaglaise. Eascraíonn siad as teacht le chéile dhá shraith chultúrtha, mar atá, mórchultúr an lucht cinsil ar thaobh amháin, agus é sin i riocht thraidisiún léinn agus theagasc oifigiúil na hEaglaise, agus ar an taobh eile, mionchultúr na ngnáthdhaoine agus é sin i riocht a nglacadh siúd leis an teagasc oifigiúil agus an tuiscint a bhain siad as.[3]

Chomh fada is a bhaineann le cleachtadh na carthanachta, is maith dílis a léiríonn déantúis an bhéaloidis coincheapa bunúsacha

1. Féach S. Ó Súilleabháin, *A Handbook of Irish Folklore*, Dublin 1942, 434-5, 629-40; P. Ó Héalaí, 'Moral Values in Irish Religious Tales', *Béaloideas* 42-4, (1974-6), 176-212.
2. A. Aarne agus S. Thompson, *The Types of the Folktale*, FF Communications 184, (*AT* thíos) Helsinki 1961; F. Tubach, *Index Exemplorum. A handbook of medieval religious tales,* FF Communications 204, Helsinki 1969.
3. Maidir le nóisean an mhór- agus an mhionchultúir féach G. M. Foster, 'What is folk culture?', *American Anthropologist* 55 (1955), 159-73; R. Redfield, *Peasant Society and Culture: An Anthropological Approach to Civilization*, Chicago 1956.

ar chuid den teagasc oifigiúil faoin tsuáilce sin iad. Tá léiriú coincréiteach sna scéalta ar éirim an teagaisc sin atá bunaithe ar ráitis Chríost féin, gurb í an charthanacht an aithne is mó ar fad agus gurb í an dúshraith faoi na suáilcí eile í.[4] Cleachtadh na féile an ghné den charthanacht a bhíonn i gceist sna scéalta a bheidh á bplé anseo ach is léir toise reiligiúnda a bheith leis an dea-chomharsanacht seo. Tá seo fíor go háirithe i gcás na scéalta sin a thugann le fios go mbíonn cúiteamh ar an saol eile mar thoradh ar chleachtadh na déirce, agus go deimhin cuireann na téarmaí traidisiúnta 'grá dia' agus "grá diaúil' ag tagairt do ghníomh dea-chomharsanachta, an rud céanna in iúl. Feictear ó ráiteas Thomáis Uí Chriomhthain agus é ag trácht ar nithe a roinnt ar chomharsana a bhí á gceal, conas mar a glacadh le cleachtadh na féile mar dhualgas creidimh:

> Bhí gléas solais ó gharsún, tobac ó sheanbhean. B'éigean dom féin mo lámh a shíneadh sé huaire sa lá so. Thuigeas gur chuige a rángaigh an bhreis agam chun roinnt. B'fhéidir mura roinnfinn é ná beadh sé agam chun roinnt an chéad lá eile ... Tuig gurb aon mháistir amháin atá ag síneadh chugainn go léir, moladh go deo leis.[5]

Cé go n-áiríonn an seanfhocal an fhéile ar cheann de na trí nithe nach féidir a fhoghlaim, mar atá, guth, féile agus filíocht,[6] léiríonn na scéalta cráifeacha í mar thabhartas ar féidir leis an té atá ina héagmais í a fháil ó Dhia. I leaganacha de thrí scéal éagsúla faoin Slánaitheoir le linn dó bheith ar an saol seo, cásaíonn duine doicheallach a chroí suarach leis (Colm Cille go minic), ag rá gur tugadh a dhóthain saibhris dó ach nár tugadh croí a chaite dó, agus ansin bronann an Slánaitheoir croí mór air.[7]

4. *Mth.* 22:34-40; *Mc.* 12:28-34a; *Eoin* 13:34-5; 15:17.
5. T. Ó Criomhthain, *Allagar II*, eag., P. Ua Maoileoin, Baile Átha Cliath 1999, 74-5.
6. T. F. O'Rahilly, *A Miscellany of Irish Proverbs*, Dublin 1922, §259.
7. I scéal amháin instear conas a tháinig raidhse plúir as cúpla gráinne a tugadh mar dhéirc sprionlaithe don Slánaitheoir; leagan samplach i lámhscríbhinn 716, lgh 488-90, i gcartlann Roinn Bhéaloideas Éireann (CBÉ thíos), An Coláiste Ollscoile, Baile Átha Cliath. I scéal eile bronnann an Slánaitheoir maoin ar dhaoine bochta a chuir cóir mhaith air, ach caitheann siad go doicheallach leis nuair a éiríonn siad saibhir, (*AT* 751C*, *Wealth Leads to Pride*); leagan samplach in CBÉ 931: 108-9. Sa tríú scéal cuireann an Slánaitheoir geamhar ag fás trí thine mar cheacht d'fhear doicheallach, leagan samplach in S. Ó Súilleabháin, *Scéalta Cráibhtheacha*, Báile Átha Cliath 1952, [= *Béaloideas* 21], §12B. Tá tagairtí sa litríocht do bhua na féile á bhronnadh ar Cholm Cille áirithe in L. P. Ó Caithnia, *Apalóga na bhFilí 1200-1650*, Baile Átha Cliath 1984, 168, § N8 e, f.

II

Cuirtear tosaíocht na carthanachta in iúl go tíriúil drámatúil i scéalta a thugann le fios go gcinntíonn cleachtadh na féile an t-aoibhneas síoraí, agus fógraítear sa tslí sin, gurb é croílár na moráltachta é. Is cinnte gur chúnamh faoi leith do chothú an dearcaidh seo, gurb í an fhéile an t-aon tsuáilce a luaitear sa soiscéal leis na fíréin a bhfuil cuireadh le fáil acu chun Parthais an Lá Deiridh:

> Ansin déarfaidh an rí le lucht na láimhe deise: 'Tagaigí a lucht bheannaithe m'Athar … Óir bhí ocras orm agus thug sibh rud le hithe dom, bhí tart orm agus thug sibh rud le hól dom, bhí mé i mo strainséir agus thug sibh aíocht dom.'[8]

Aicme amháin de na scéalta a thugann tús áite i measc na suáilcí don charthanacht is ea iad siúd a fhéachann leis an tslí is fearr chun Dé a shainiú. I scéal tipiciúil den chineál seo bíonn aighneas idir sagart, feirmeoir agus máistir scoile maidir le cé acu is taitneamhaí i láthair Dé; roghnaíonn siad moltóir a thugann orthu oíche a chaitheamh ar thaobh cnoic; cuireann siad síos ar maidin ar a dtarla dóibh i gcaitheamh na hoíche agus tugann an moltóir le fios gurb é an té a chleachtaíonn an fhéile (an feirmeoir) is fearr beatha.[9] Murab ionann agus an bheirt eile chaith sé siúd an oíche ar leaba chompordach i gcúirt tí agus is mar seo a mhíníodh a chás dó:

> 'Isteach go Tigh Dé a chuadhais-se … Annsan tá do chuid bidh ullamh suas aon lá a dh'fhágfair an saol so, mar is sin é mar dheineas tú féin leis na boicht. Tugann tú gach éinní dhóibh á fheabhas a dh'fhéadas tú, le n-ithe agus le n-ól, agus tugann tú dhóibh do leabaidh féin mara mbeidh aon áit eile agat chuig iad a chuir chuig codlata, agus tá do leabaidh cóirithe. Is í do leabaidh féin an leabaidh is giorra dho leabaidh Mhac Dé … Anois is fearr do shlí-se ná slí éinne aca.'[10]

8. *Mth.* 25:34-5.
9. Ó Súilleabháin, *Handbook of Irish Folklore*, 632, § 27; cf. *ibid.*, 638, §88.
10. Ó Súilleabháin, *Scéalta Cráibhtheacha*, §57; cf. Tubach, *Index Exemplorum*, §2695.

Dearbhaíonn dánfhocal gur mó an tairbhe do dhuine sa tsíoraíocht cleachtadh na féile ná deabhóidí eile:

> Cidh maith turas is trosgadh,
> crábhadh gan osnadh bhréige,
> ré ndul duitse don tsaoghal
> is fearr daonnacht is féile.[11]

Léirítear tosaíocht na carthanachta sa chóras morálta in aicme eile scéal ina dtráchtar ar ghníomhartha duine a bheith á meá i scála an bhreithiúnais agus go ndéanann gníomh amháin carthanachta dá chuid an scála a ísliú agus na flaithis a oscailt dó – fiú nuair nach mbíonn de mheáchan sa déirc ach an gabhál tuí a chuirtear mar leaba faoin mbochtán.[12] Tá an teagasc soiléir anseo gurb í an charthanacht a chinntíonn na flaithis agus dearbhaíonn an seanfhocal gur mar sin atá: 'Níl againn le dul go Flaithis Dé ach leaba 's déirc an duine bhoicht'.[13] Gnóthaíonn an gníomh carthanachta is neafaisí na flaithis de réir scéil a mhaíonn gur fáiltíodh isteach ann roimh fhear toisc gur thug sé bata siúil tráth do bhacach[14] agus léiríonn scéal a instear faoi Iób go ndéanann an charthanacht rud luachmhar den déirc is suaraí, mar deirtear ann gur dhein ór de ghearbacha a thug Iób do bhochtán a d'iarr iad.[15] Go deimhin, i scéalta áirithe, ní hé amháin go gcinntíonn an fhéile leaba sna flaithis don té a chleachtaíonn í, ach gan spleáchas do theagasc na hEaglaise, tugtar le fios dá mbeadh duine fial go leor go bhféadfadh sé leapacha breise a ghnóthú sna flaithis. I scéal acu seo, mar shampla, cuireann aingeal in iúl do chailín aimsire déirciúil go bhfuil trí

11. T. F. O'Rahilly, *Dánfhocail. Irish epigrams in verse*, Dublin 1921, §10.
12. Ó Súilleabháin, *Handbook of Irish Folklore*, 629, §7; féach leagan in *Béaloideas* 3 (1932), 8-9; cf. *AT* 750E*, *Hospitality and Sin*, agus *AT* 809*, *Rich Man Allowed to Stay in Heaven for Single Deed of Charity*; S. Ó Súilleabháin agus R. Th. Christiansen, *The Types of the Irish Folktale*, FF Communications 188 (*TIF* thíos), Helsinki 1963, § 750E*; S. Thompson, *Motif-Index of Folk Literature*, I-VI, Bloomington 1955-8, Q172.2, *Man admitted to heaven for single act of charity;* Tubach, *Index Exemplorum*, §§ 713, 946, 1501, 1511, 4180, 4198.
13. T. Ó Máille, *Sean-fhocla Chonnacht*, I, Baile Átha Cliath 1948, 344, § 2240, mar a dtugtar le fios go bhfuil an seanfhocal bunaithe ar théacs cráifeach Laidine a raibh éileamh mór air sa Mheánaois.
14. CBÉ S 94:171.
15. Ó Súilleabháin, *Scéalta Cráibhtheacha*, §42; léirítear Iób mar eiseamláir ar an nduine déirciúil in *Iób* 31:16-23.

leaba cóirithe di sna flaithis, ceann di féin agus dhá cheann eile le bronnadh aici de réir mar is mian léi.[16] Tá an chuma ar chuid de dhéantúis an bhéaloidis gur tuigeadh i slí dhocht 'uathoibríoch' an nasc idir cleachtadh na féile agus grásta Dé, sa mhéid go dtugann siad le fios gur leor a bheith fial chun an t-aoibhneas síoraí a ghnóthú – gan aon fhéachaint do chomhthéacs morálta níos leithne. Ach is cirte, b'fhéidir, breathnú ar an míreanna seo mar léiriú litriúil ar theagasc Pheadair sa Tiomna Nua go 'gclúdaíonn grá a lán peacaí.'[17] Mír shamplach den sórt seo is ea scéal Chian na mBeann Óir, a raibh eolas forleathan air sa taobh ó dheas den tír go háirithe.[18] De réir an scéil seo, draoi nó bithiúnach ab ea Cian a raibh flúirse de mhaoin an tsaoil aige – bhíodh coirn óil óir ar an mbord aige agus is dá bharr sin a tugadh Cian na mBeann Óir air. Bhí sé thar a bheith fial, áfach, agus roinneadh sé a chuid ar gach éinne a thagadh ina threo; nuair a cailleadh é bhíothas ag tuar gurb é ifreann a stáitse feasta, ach thaibhsigh Cian i láthair an phobail le linn aifrinn agus dúirt gur shlánaigh a fhéile é:

> Is mise Cian na mBeann n-Óir;
> Ba shia mo lón ná mo shaoghal.
> Níor chuireas neach óm' thigh gan biadh,
> Is níor cuireadh mé as Tigh Dé.[19]

Léiríonn líonmhaire na leaganacha atá ar fáil den scéal seo go raibh éileamh ar a theachtaireacht agus is fianaise bhreise ar sin na seanfhocail a chuireann éirim an scéil in iúl .i. go mbíonn fáilte chun na bhflaitheas roimh an bhfear fial – 'Ní dheachaigh fial riamh go hifreann', nó 'Go dtéid grian go grinneall ní rachaidh fial

16. Ó Súilleabháin, *Handbook of Irish Folklore*, 637, §79; Ó Súilleabháin, *Scéalta Cráibhtheacha*, §93; cf *AT* 802C*, *The Rooms in Heaven*. Leanaí a fhaigheann bás go hóg is coitianta a réitíonn leaba do dhuine sna flaithis sa scéalaíocht.
17. *I Pead*. 4:8; féach. freisin, *Tóibit* 12:9: 'Saorann an déirc ar duine ón mbás agus glanann sé amach an uile pheaca'; *Síorach* 3:30: 'Múchann uisce tine loiscneach agus déanann an déirc leorgnímh i bpeacaí'; *Dainéil* 4: 24: 'Ruaig uait do pheacaí leis an bhfíréantacht a chleachtadh agus d'urchóidí le déirc do bhochta'. Chuir a lán d'Aithreacha na hEaglaise an tuiscint seo chun cinn freisin, féach E. Westermarck, *The Origin and Development of the Moral Ideas*, London 1924, 555-6.
18. Ó Súilleabháin, *A Handbook of Irish Folklore*, 638, §82; féach leagan in Ó Súilleabháin, *Scéalta Cráibhtheacha*, 224 §101; tá cuntas ar an bpearsa seo in *Béaloideas* 5 (1935), 81-6; cf. *AT* 751D*, *St. Peter Blesses Hospitable Thieves*.
19. *Béaloideas* 5 (1935), 83.

go hifreann.'[20] Go deimhin cuirtear údarás an tSlánaitheora féin leis
an seanfhocal i roinnt leaganacha den scéal a thuairiscíonn conas
mar a chuir sé geamhar ag fás sa tine i dtigh inar caitheadh go gor-
tach leis.[21] 'Ba í an déirc 'folach na bpeacadh agus díbirtheoir an
namhaid shalaigh'[22] agus tá le tuiscint ón méid a dúirt seanchaí i
gCois Fharraige gur chuid den lón intinne traidisiúnta é gur
chealaigh an charthanacht drochghníomhartha an duine: 'Chuala
mise riamh é … go maithfidh Dia go leor duit má tá croí maith
agat.'[23] Tá fáil ar an tuiscint seo sa traidisiún liteartha abhus freisin[24]
agus ní miste tagairt anseo do chúpla rann i ndán a leagtar ar Cholm
Cille arbh fhurasta a mheas go bhfógraíonn siad go gcealaíonn
cleachtadh na féile cionta an pheacaigh:

Nochan fhuil fionghal ná feall
ná drochluighe ná doicheall
ná gníomh égcóir do-ní nech
ná folchann uile in t-einech.

Slad, brad, gargad ar duine,
gáir cheall is chlog na cruinne,
saint, feall, fionghal co féighe —
báidhidh féle sin uile.[25]

Tá léirithe ag Pádraig Breatnach, áfach, gurb í an fhéile dá dtag-
raítear sna rainn seo ná an chóir a chuireann an taoiseach ar an
bhfile, agus gurb é atá i gceist le cealú drochiompair ná an buanú a
dhéanann an file ar dhea-cháil an taoisigh:

20. Ó Máille, Sean-fhocla Chonnacht, I, 341, §2223; O'Rahilly, Miscellany of
Irish Proverbs, §127; cf. É. Ó Muirgheasa, Seanfhocail Uladh, eag., N. Ó
hUrmholtaigh, Baile Átha Cliath 1976, 143, §1614.
21. E.g., CBÉ 55:376-9; CBÉ 141:312-7; CBÉ 142:1757-9; CBÉ 143:2270-2;
CBÉ 391:522-5; CBÉ 472:50-2; CBÉ 990:485-90; CBÉ 1141:222-8; CBÉ
1170:430-3.
22. D. Hyde, Dánta Diadha Chúige Connacht. The Religious Songs of Connacht,
I-II, London 1906, I, 290.
23. CBÉ 1833:131, Máire Ní Mháille, Baile Láir, Cor na Rón, Indreabhán, Co. na
Gaillimhe 1973.
24. Féach tagairtí in Ó Máille, Sean-fhocla Chonnacht, I, 341, §2223.
25. P. A. Breatnach, Téamaí Taighde Nua-Ghaeilge, Maigh Nuad 1997, 'Moladh
na Féile: Téama i bhFilíocht na Scol agus a Chúlra', 97-129; 100. Cf. O'Rahilly,
Dánfhocail, §§ 10, 11; dhealródh gur thuig an Raithileach na rainn sa chiall go
ndéanann féile cúiteamh i bpeacaí, mar deir sé (ibid., 65) gur dócha gurb é Síor.
3:30, is bunfhoinse dóibh.

Mar nuair a mhaíonn an file go bhfuil ar chumas na féile
gach béim dá dhonacht a chealú, tá sé á áiteamh go maireann
clú na féile a theaspáineann pátrún dá fhile go brách san
fhilíocht a mholann í, agus go gcealaíonn an moladh
cuimhne ar a chionta.[26]

Ní dócha, áfach, gur ag tagairt don chineál sin féile atá Naomh
Pádraig nuair a dhiúltaíonn sé don tuairim sa laoi 'Agallamh Oisín
agus Phádraig', gur ghnóthaigh féile Fhinn aoibhneas na bhflaith-
eas dó. Is dóichí sa chás seo nuair a deir an naomh, in ainneoin na
féile, go bhfuil Fionn in ifreann de bharr a dhrochiompair agus a
neamhairde ar Dhia, gurb amhlaidh atá friotal á chur aige ar
thuiscint na diagachta maidir leis an méid a éilítear ón té a bhfuil
an t-aoibhneas síoraí i ndán dó:

Ata sé a n-ifrionn a laim
fear fa sáimh do bhronnadh ór
a ndíol a easurrama ar Dhia
ta sé a ttigh na bpian fá bhrón.[27]

Ach is deacair d'Oisín glacadh leis an mbreithiúnas seo:

As egcóir nár mhaith lé Dia
ór 's bíadh do thabhairt do neach
níor dhiúltaigh Fionn trén no trúagh
ifreann fúar mas é a theach.[28]

Bhí scéalta sa bhéaloideas chomh maith a d'fhógair go raibh
teorainn le héifeacht na féile i ngnóthú an aoibhnis shíoraí. Orthu

---

26. Breatnach, *Téamaí Taighde*, 101. Ag díriú ar fhlaithiúlacht an taoisigh i leith
an fhile, is fíor do L. P. Ó Murchú ina léirmheas in *Béaloideas* 66 (1998), 240-8, ar
Téamaí Taighde, nuair a deir sé (243-4) gur dealraitheach 'nár chuaigh coincheap
na carthanachta a tháinig go hÉirinn le cois na Críostaíochta i bhfeidhm in aon chor
ar an gcóras luachanna, dar de an fhéile agus gach ar bhain léi.' Maidir leis na prí-
onsabail ar a raibh flaithiúlacht an taoisigh i leith an fhile bunaithe, féach nótaí 89
agus 93 thíos.
27. G. Murphy, *Duanaire Finn*, II, Irish Texts Society, iml. 28, London 1933, laoi
LVII, §26 (leasaithe in G. Murphy, *Duanaire Finn*, III, Irish Texts Society, iml. 43,
Dublin 1953, 134).
28. Murphy, *Duanaire Finn*, II, laoi LVII, §31 (leasaithe in Murphy, *Duanaire
Finn*, III, 134). D'fhéadfaí a áiteamh go léiríonn an laoi teannas idir tuiscint an
diagaire agus tuiscint na muintire maidir le ról na féile i slánú an duine – leide,
b'fhéidir, go raibh oiliúint eaglasta ar an údar.

sin bhí scéalta a thug le fios nárbh aon bhuntáiste don saol eile an fhéile má bhí an té a chleacht í peacúil, e.g.:

> Mharaigh fear a chomharsa agus cheil an corp; thug an-chuid déirce uaidh ina dhiaidh sin ionas go raibh an tír á chaoineadh nuair a bhásaigh sé; ach tháinig teachtaire ón saol eile a thaispeáin an corp a bhí curtha i bhfolach agus dúirt gur minic le duine bheith glan i láthair daoine, ach neamhghlan i láthair Dé.[29]

> Thugadh fear a lán déirce uaidh ach ba le huabhar é; tar éis a bháis bhí sé míshuaimhneach ar an saol eile agus b'éigean dó teacht ar ais le maithiúnas a fháil.[30]

Is maith freisin a thagann roinnt tuiscintí eile a léiríonn déantúis an bhéaloidis ar thréithe nó ar cháilíocht na féile le teagasc an Bhíobla. Ag freagairt don treoir a thugtar i Leabhar Tóibit, déirc a thabhairt gan doicheall,[31] fógraíonn na scéalta nach foláir rud a thabhairt le croí mór maith agus gan súil a bheith ina dhiaidh, mar a bhí, is cosúil, ag an té a cháintear sa seanfhocal.[32] Níor chóir go mbeadh 'beir i bhfad mé' ag roinnt leis an déirc, mar a fheictear ón gcúiteamh a dhein an Slánaitheoir le beirt bhan, duine acu a thug rud go fial dó, agus an duine eile a thug dó é le súil go méadófaí a maoin féin dá bharr sin; thug sé an ghuí chéanna don bheirt acu – an rud a dtosóidís leis ar maidin go leanfaidís leis go tráthnóna; bhí toradh an-éagsúil, áfach, ar an nguí i gcás na beirte, óir is ag tomhas amach flainín a bhí an bhean dhéirciúil i dtús an lae ach is ag mún

---

29. Peig Sayers, *Machtnamh Seana-Mhná,* Baile Átha Cliath 1939, 65-9.
30. CBÉ 41:272-4. Tá tuiscint na diagachta faoi éifeacht ghníomhartha carthanachta curtha i bhfriotal go beacht sa phaidir seo in P. Ó Fiannachta, *Saltair,* Baile Átha Cliath 1988, 59:
     In urnaithe, in aifreann, i dtroscadh ná i dtréanas,
     I ndéirc, i gcarthanacht, ná in an-chuid daonnacht,
     Níl iontu aon tairbhe,
     an peaca muna dtréigfir,
     Is bheith i ngrá le Críost am an ghnímh a dhéanamh.
31. Tóib. 4:7: 'Tabhair déirc gan doicheall as a bhfuil agat'.
32. O'Rahilly, *A Miscellany of Irish Proverbs,* §411: 'Tabhartas Uí Bhriain ('s a dhá shúil 'na dhiaidh)'; Ó Máille, *Sean-fhocla Chonnacht,* I, §1935: 'Oineach/tiodhlaice/déirc Uí Bhriain 's a dhá shúil ina dhiaidh'; Ó Muirgheasa, *Seanfhocail Uladh,* § 1763 'Tabhartas Uí Néill/pronntanas Bhriain is a dhá shúil ina dhiaidh'. Cf. Tubach, *Index Exemplorum,* 168.

a bhí an bhean ghortach![33] Múineann scéal eile nach ceart a bheith mórtasach as an déirc a dhéantar; instear ann faoi bhean ar mhian léi an déirc a dhéanadh sí a chuntas agus a chuireadh oiread prátaí i leataobh agus a thugadh sí mar dhéirc, ach nuair a chuaigh sí chun na prátaí sin a chur ag beiriú, ní bhfuair sí roimpi ach carn feithidí.[34]

Fógraíonn déantúis an bhéaloidis nach ceart aon bhuaileam sciath a dhéanamh faoin déirc a thugtar, díreach mar a d'ordaigh Críost féin.[35] 'Is í an déirc is discréidí is grástúla', an teagasc a luann Peig Sayers le scéal dá cuid faoi chailín beag a d'iarr ar fhear a dhéanadh déirc go glórach, í a ardú suas le síntiús a chur i mbosca na mbocht; ach ansin a d'iarr sí air iompó uaithi chun ná feicfeadh sé cad a bhí á chur steach aici.[36] 'An mhaith a dhéanas do dheasóg, ná bíodh a fhios ag do chiotóig í', a deir an seanfhocal, ina mhacalla dílis ar bhriathra Chríost.[37]

Ba chuid de thraidisiún na hEaglaise é ó na luathaoiseanna go rachadh déirc a thabharfaí ar son na marbh chun sochar dóibh ar an saol eile.[38] Cuirtear cruth coincréiteach ar an sochar sin i scéalta faoi mhairbh ag filleadh ar a muintir chun impí orthu éadaí a chur lena n-anam .i. éadaí a bhronnadh ar dhuine a chaitheadh iad ar a son.[39] Tuigeadh go traidisiúnta leis go mbíodh cead isteach sa tigh le linn cóir a bheith á cur ann ar bhochtán, ag an marbh a bheadh ag déanamh a phurgadóireachta amuigh faoin síon.[40] Deineadh nasc arís idir bhronnadh déirce agus leas na marbh sa mhéid gur chuid den nósmhaireacht a bhain leis an mbronnadh é go ngeallfadh an té ar a mbronntaí an déirc, go gcuirfeadh sé paidreacha, ní amháin leis

33. Féach leagan in Ó Súilleabháin, *Scéalta Cráibhtheacha*, § 18; cf., Thompson, *Motif-Index*, D2172.2, *Magic gift: power to continue all day what one starts*; TIF 750A, *The Wishes*; TIF 750*, *Hospitality Blessed*; TIF 751, *The Greedy Peasant Woman*.
34. Ó Súilleabháin, *Scéalta Cráibhtheacha*, §130.
35. *Mth.* 6: 2: 'Nuair a bhíonn tú ag déanamh déirce, mar sin, ná cuir an trúmpa á shéideadh romhat.'
36. CBÉ 859:214-6.
37. O Máille, *Sean-fhocla Chonnacht*, I, §1935; *Mth.* 6:3:'Na bíodh a fhios ag do lámh chlé cad a dhéanann do lámh dheas, ach do dhéirc a bheith faoi choim.'
38. J. Le Goff, *The Birth of Purgatory*, aistr., A. Goldhammer, London 1984, 134-5.
39. Ó Súilleabháin, *Handbook of Irish Folklore*, 247; cf. sampla den chineál seo scéil in J. Curtain, *Tales of the Fairies and the Ghost World*, London 1895, eag. Dublin 1975, 146: *go to my mother and tell her that I died in America ... Tell her to buy a pair of shoes and stockings and give them to some poor person in my name, for God's sake.* Tugtaí 'ochón' nó *the dead man's pluck* ar bhall éadaigh den sórt seo in áiteanna sa Mhumhain, féach *Béaloideas* 13 (1943), 241, agus *An Sagart*, Earrach 1976, 15-6.
40. CBÉ 149:585-6.

an mbronntóir ach le hanamacha a mharbh chomh maith. Tá léiriú ar seo i leaganacha áirithe den déantús fileata úd ar a dtugtar uaireanta 'Deilín an Bhacaigh' .i. an achainí bhladhmannach a chuireadh bacach i láthair ag doras tí, mar a bhfuil foclaíocht éigin mar a leanas ar an ngeallúint:

Cuirim faoi bhrígh mo ghuidhe
H-uile dhuine bhéarfas dam déirc
Mar aon le n-a gcuid cúraim
Beo agus a gcuid marbh ...[41]

Tugtar le fios i leagan den scéal a luadh thuas faoin tslí is fearr chun Dé, go raibh dualgas trom ar an té a fhaigheann déirc paidreacha a chur le mairbh an bhronntóra. I leagan den scéal is bacach é duine den triúr a bhí in aighneas faoin mbealach is ionúine le Dia, agus tar éis dó oíche a chaitheamh ar thaobh cnoic, ar mholadh an réiteora, ghearán sé ar maidin nár chodail sé néal ag dreancaidí; mhínigh an réiteoir a chás dó mar a leanas:

'Sin déircíochtaí a bhí tú a fháil,' a dúirt sé, 'agus nár guigh tú riamh orthu,' a dúirt sé. 'Agus ní dreancaidí a bhí do ithe', a dúirt sé. 'Ach an déirc a bhí do phiocadh,' a dúirt sé, 'an *set* a thug déirc dhuit,' a dúirt sé, 'le guí ar na hanamacha bochta a bhí imithe den tsaol. Níor ghuigh tú aon cheo riamh ar a son.'[42]

I roinnt dé na scéalta luaitear slí ar leith a dtéann an déirc a dhéanann daoine chun tairbhe dóibh tar éis a mbáis, mar atá, go dtugann sé cosaint dóibh ar thine sa saol eile:

Deiridís nár thugais aon déirc riamh le cur leis an hanamacha a b'fhearr ná ball éadaigh nó bainne, mar nuair a gheofá féin bás ansan, go mbeadh an ball éadaigh a thabharfá uait caite i dtine na bpian romhat, agus go múchadh an bainne roimis an tine.[43]

41. Hyde, *Dánta Diadha*, I, 290.
42. CBÉ 333:154-5. Dhírigh teagasc na hEaglaise áird ón tús ar an dualgas seo, féach mar shampla, H. Connolly, *Didascalia Apostolorum* , Oxford 1929, 144, 154.
43. CBÉ 1005:91.

Instear scéal faoi shagart a mhol do Phrotastúnach leanúint air ag tabhairt déirce in ainneoin é bheith damanta, mar a dúirt an sagart: 'Nár mhaith scraith ghlas faoi do chosa in ifreann nuair a bheifí i do bhruith.'[44] Cuireadh an tuiscint seo chun cinn i dtraidisiún léannta na hEaglaise abhus freisin: in *Fís Adamnáin* luaitear go raibh cosaint le fáil ag peacaigh sa saol eile ar fharraige tine, ó fhalla airgid déanta as éadach agus déirc eile a bhronn siad ar an saol seo,[45] agus in *Navigatio Sancti Brendani* deirtear go raibh faoiseamh le fáil ag Iúdás óna phianta sa saol eile ar leac chloiche lenar chóirigh sé bóthar tráth do dhaoine eile.[46] Bhí an mhóitíf seo ar eolas i measc na cléire ar an Mór-Roinn sa Mheánaois dhéanach chomh maith.[47]

Ní ar an saol eile amháin a chúitítear an fhéile i scéalta an bhéaloidis agus, ar ndóigh, freagraíonn an méid sin arís do theagasc an Bhíobla. Baineann focail Naomh Pól, 'Is geal le Dia an té a thugann go fáilteach', macalla láidir amach sa scéalaíocht.[48] Léirítear an Slánaitheoir féin a bheith báúil le fear an chroí mhóir i scéal faoi bheirt a d'iarr déirc air, cníopaire aosta duine acu agus fear óg mórchroíoch an duine eile; thug an Slánaitheoir déirc níos mó don fhear óg caiteach ná don seansprionlóir agus mhínigh gur thug sé breis airgid don fhear óg mar go raibh croí a chaite aige.[49] Is geall le scéal eiseamláireach é seo ar theagasc an dánfhocail:

44. CBÉ 410:151.
45. R. I. Best agus O. Bergin, *Lebor na hUidre. Book of the Dun Cow*, Dublin 1929, 74, ll.2193-7.
46. J. J. O'Meara, *The Voyage of Saint Brendan. Journey to the Promised Land*, Gerrards Cross 1976, 58.
47. Tagann sí i gceist, mar shampla, i scéal in *De Miraculis* a scríobh Petrus Venerabilis, i lár an dara haois déag; luaite in T. Williams, 'The Reluctant Messenger' *Béaloideas* 39-41 (1971-3), 358-424; 402-3.
48. *2 Cor*. 9:7; féach freisin *Rómh*. 12:8: 'Bíodh an t-almsóir go fial … agus an té a thugann lámhchúnta go gealgháireach.'
49. Ó Súilleabháin, *Scéalta Cráibhtheacha*, § 14. Tá roinnt leaganacha den scéal seo áirithe in *TIF* 785, *Who Ate the Lamb's Heart?* Tá leagan de agus Colm Cille i ról an tSlánaitheora ann in A. O'Kelleher agus G. Schoepperle, eag., *Betha Colaim Cille. Life of Columcille. Compiled by Manus O'Donnell in 1532*, Urbana 1918, § 85. Tá plé ar an leagan seo in. J. Szövérffy, *Irisches Erzählgut im Abendland. Studien zur vergleichenden Volkskunde und Mittelalterforschung*, Berlin 1957, 120-1, 133, 135, mar a ndeirtear gur dócha gur ón traidisiún béil a fuair Maghnus Ó Domhnaill é. Tacaíonn líonmhaire na leagan den scéal a bailíodh ón traidisiún béil (ar a laghad 75 in CBÉ) leis an tuairim seo, ach toisc gurb é an Slánaitheoir a dháileann an déirc i ngach leagan díobh sin – seachas i gceann amháin ó Dhún na nGall, as naoi gcinn ar fad ón gcontae sin, ina bhfuil Colm Cille i ról an bhronntóra ann (CBÉ 141:317-8) – dhealródh gur bhain Ó Domhnaill casadh as an scéal béaloidis nuair a léirigh sé Colm Cille sé ról sin.

Caith agus do gheobhair ó Dhia,
caith go fial agus gheobhair níos mó;
an té ler leor beagán ó Dhia,
is leor le Dia beagán dó.[50]

'Bíonn an rath i mbun na ranna', a deir an seanfhocal agus
míníonn seanfhocal eile an bunús atá leis sin: 'An té a bhíonn cóir,
roinneann Dia leis.'[51] Is macalla dílis iad seo ar fhocail an tsailm gur
'méanar don té ar cúram leis an dealbh is an daibhir', óir 'tabhar-
faidh [an Tiarna] séan dó ar talamh.'[52] Ba chuid den traidisiún
Iúdach é go leanann rath ar an saol seo cleachtadh na déirce agus
geallann Críost féin go dtabharfar do dhuine de réir mar a thugann
sé uaidh.[53] Is léir ón scéal grinn idirnáisiúnta, *AT 1735, Who Gives
His Own Goods shall Receive it Back Tenfold*; – bunaithe ar gheal-
lúint Chríost go ndéanfar aisíoc faoi chéad leis an té a leanfaidh é
féin – gur tuigeadh gur chuid den teagasc oifigiúil go gcúiteofaí a
fhéile le duine ar an saol seo agus gur ceap oiriúnach chun grinn an
tuiscint sin.[54] Is cor an-choitianta i scéalta cráifeacha é go gcúitíonn
naomhphearsa an chóir a chuireann daoine (bochta) air trína gcuid
maoine a mhéadú nó bia a sholáthar go míorúilteach dóibh.[55]

Cuirtear friotal drámatúil ar an tuiscint go gcúitítear an fhéile i
móitíf eile a thagann i gceist i scéalta cráifeacha, mar atá 'an líon-
adh in áit an fholmhaithe' – an bia a thugtar mar dhéirc a bheith ar
fáil go míorúilteach arís don té a bhronn é.[56] Is minic lánú, duine

50. O'Rahilly, *Dánfhocail*, §3; cf. *Tóibit* 4:7: 'Ná hiompaigh d'aghaidh ó aon
duine bocht agus ní iompóidh Dia a aghaidh uait.'
51. O'Rahilly, *Miscellany of Irish. Proverbs*, § 157, agus féach leis O'Rahilly,
Dánfhocail, §§ 5, 196; Ó Máille, *Sean-fhocla Chonnacht*, § 2206; cf. Thompson,
Motif -Index, Q 44, *Reward for almsgiving*.
52. Salm 41 (40), 1:2. Féach freisin *Seanfhocail* 28: 27: 'An té a thugann déirc don
bhocht ní bheidh easpa air choíche.'
53. *Lúc.* 6:38:'Tugaigí agus tabharfar daoibh; tomhas maith fuinte craite cruachta
a chuirfear chugaibh in bhur n-ucht; óir is leis an tomhas lena dtomhaiseann sibh a
thomhaisfear chugaibh ar ais.' Ní hionadh go dtuigfí go mbeadh fabhar le Dia acu
siúd a dhéanann déirc, mar de réir fhocail Chríost (*Mth.* 25:34-5), is dó féin a thug-
tar an déirc.
54. *Mth.* 19:29; *Mc.* 10:30; *Lúc.* 18: 29-30; *TIF* §1735; cf. *AT 460A, The Journey
to God to Receive Reward*; agus Tubach, *Index Exemplorum*, § 176, 1140.
55. Ó Súilleabháin, *Handbook of Irish Folklore*, 635, §53; *TIF* 750*, Hospitality
Blessed*; Tubach, *Index Exemplorum*, § 176, 479, 1140, 4089.
56. Ó Súilleabháin, *Handbook of Irish Folklore*, 637, § 77; T. Peete Cross, *Motif-
Index of Early Irish Literature*, Bloomingon 1952, V411.6*, Food given away by
saint miraculuously restored* agus V224*, Miraculous replacement of objects (ani-
mals) for saint;* Tubach, *Index Exemplorum*, §181, 488, 766, 1975, 2533, 2566,
5090, 5307.

acu fial agus duine acu gortach, luaite i scéalta den chinéal seo, agus thuigfí ó nath cainte a bheith bunaithe ar scéal acu i nGaeltacht Chorca Dhuibhne, cé chomh coitianta is a bhí an scéal áirithe sin á insint.[57] Léirítear sa scéalaíocht freisin nach tairbhe do dhuine an rud a dhiúltaíonn sé a thabhairt mar dhéirc; mar shampla, ní bheiríonn prátaí a diúltaíodh do bhochtáin agus ní lú ná mar a íosfadh na ba iad.[58]

Geallann an téacs Giúdach, an Talmud, oidhre fireann don fhear déirciúil[59] ach sa Sean-Tiomna luaitear fad saoil go háirithe mar bhua a leanann cleachtadh na féile: 'Na daoine a dhéanann an déirc gheobhaidh siad aois mhaith' a deir Tóibit agus deirtear i leabhar Dhainéil go bhfaighidh siad saol fada faoi shíocháin.[60] Cé go bhfuil léiriú áirithe ar an tuiscint seo sa bhéaloideas abhus, ní cosúil gur leagadh aon bhéim mhór air.[61]

Tugann scéal amháin aghaidh ar fhadhb a thagann chun cinn ar leibhéal na praitice, mar atá, nach léir i gcónaí go leanann fabhar le Dia an duine fial. I leaganacha Éireannacha den scéal idirnáisiúnta, *AT* 461, *Three Hairs from the Devil's Beard*, instear faoi mhac a chuaigh ar thuras go dtí an saol eile d'fhonn a fháil amach cad ina thaobh go raibh sé ag stealladh bháistí an lá a cuireadh tuismitheoir leis a bhí riamh déirciúil, ach go raibh lá breá gréine ann nuair a cuireadh an tuismitheoir eile a bhí gortach; faigheann sé amach go raibh an tuismitheoir déirciúil anois faoi ghlóir sna flaithis agus an tuismitheoir eile i bpianta ifrinn.[62] Tugtar le fios i leagan den scéal seo go mbíonn an déirc a dhéanann duine roimhe sa tsíoraíocht agus go gcuireann sé lena aoibhneas ann:

Níor stad sé [an mac] go bhfuair sé amach a' t-athair, agus do bhí sé 'na shuí ar chathaoir, agus cos ar muin coise aige agus tine bhreá ar a aghaig amach, agus ceol agus amhráin

57. *Béaloideas* 25 (1959), 78-9. Instear sa scéal seo conas mar líon cófra le grán go míorúilteach tar éis do bhean, Máirín Brún, an grán a thabhairt mar dhéirc do bhochtáin: 'Ón lá san go dtí an lá atá iniubh ann, nuair a thagan aon líona i n-inead an fholamhuithe go dtís na daoine bochta, nuair a bheirean cabhair Dé éicint orthu: "Mhuise," a deir siad, "tá córtha Mháirín Brún againn, mola le Dia!"'
58. CBÉ 480:84-93; cf. Tubach, *Index Exemplorum*, §§ 2977, 3085.
59. Westermarck, *Origin of Moral Ideas*, 553.
60. *Tóibit* 4:24; *Dainéil* 4:9.
61. Tráchtar i scéal amháin, mar shampla, ar bhean fhial ar cuireadh síneadh seacht mbliana lena saol ionas go mbeadh deis aici aithrí a dhéanamh ina cuid peacaí (CBÉ 260:208).
62. *TIF* § 461; cf. R. Th. Christiansen, *Studies in Irish and Scandinavian Folktales*, Copenhagen 1959, 188-213.

tímpeal air; agus pota muar ar a' dtine a' beiriú bhíg dóibh!
D'fhiafraig a' mac de conas a bhí a shaol.
'Ná ficeann tú an saol atá agam? Geach a thugas uaim faid
a bhíos um beathaig tá sé anso agam!'[63]

III

Cé gur léir tionchar theagasc na hEaglaise ar láimhseáil na féile
sna scéalta cráifeacha, is ceart a chur san áireamh chomh maith,
áfach, gur seanda ná an Chríostaíocht préamhacha cuid de na
tuiscintí atá i gceist iontu. Mar shampla, tá fáil i dtraidisiúin neamh-
spleách ar an gCríostaíocht ar mhóitíf a thagann i gceist go minic i
scéalta cráifeacha abhus, mar atá, naomhphearsa a bheith ag siúl go
hathnaithid i measc na ndaoine ag tástáil a gcarthanachta, ag
cúiteamh a ndea-ghníomhartha leo agus ag agairt a gcionta orthu:
*In pious legends everywhere, a popular theme is the incognito wan-
derings of saints or other holy men, or even of gods themselves in
the world of mortals.*[64] Instear scéalta den chineál seo faoi Bhúda[65]
agus bhí scéalta bunaithe ar an móitíf seo sa timpeall sa domhan
clasaiceach chomh maith. Chuir Hóiméar an mhóitíf i láthair san
Odaisé.

Óir tagann déithe i gcosúlacht na bhfear ó thíorthaibh i
   gcéin uainn;
Níl aon dealramh ná tógaid, is cuardaíd cathracha an
   domhain seo
D'fhearaibh a mhaireas gan srian, is do dhaoine atá dílis dá
   ndlithe.[66]

Tá scéal den chineál seo ag Oivid a bhfuil Iúpatar agus Mearcair
mar naomhphearsana ann[67] agus is léir go raibh pobal na hÁise
Bige in aimsir Phóil cleachtaithe leis an tuiscint go siúlódh na

63. D. Ó Cróinín, eag., *Seanachas Ó Chairbre*, I, Baile Átha Cliath 1985, 378.
64. S. Thompson, *The Folktale*, New York 1946, 150; féach Thompson, *Motif-
Index*, faoi na rúibricí K1811, *Gods in disguise visit mortals*, agus Q1.1, *God
(saints) in disguise reward hospitality and punish inhospitality*.
65. Bolte-Polivka, *Anmerkungen zu den Kinder und Hausmärchen der Brüder
Grimm*, II, Leipzig 1915, 210-29.
66. P. de Brún, aistr., *An Odaisé*, eag. C. Ó Coigligh, Baile Átha Cliath 1990,
leabhar XVII, 323.
67. Oivid, *Metamorphoses*, Mary M. Innes, aistr., *The Metamorphoses of Ovid*,
Harmondsworth 1955, leabhar VIII, 195-8.

déithe ina measc; go deimhin, dearbhaíonn an Litir chuig na hEabhraigh gur tharla a leithéid.[68] Áirítear gur léiriú ar an sort seo scéil sa traidisiún Giúdach an cuntas i leabhar Geineasis ar an triúr strainséir a tháinig go bothán Abraham i Mamrae mar ar chuir sé cóir fhial orthu agus ansin gur chúitigh siad a fhéile leis trí leanbh a gheallúint dá bhean, Sara.[69]

Tá fáil go minic sna scéalta cráifeacha ar an tuiscnt ghaolmhar gur teachtaire nó ionadaí Dé é an bochtán ag iarraidh déirce. Bhí an dearcadh seo ar an mbochtán coitianta go leor le go mbunófaí ráiteas grinn ina thaobh sa bhéaloideas: 'más sin é teachtaire Dé, is gioballach a scaoil sé amach é.'[70] Tá an tuiscint seo le fáil leis i mbeathaí na naomh Éireannach mar a mheabhraíonn Plummer: *The principle that Christ himself was received in the person of the stranger was strongly insisted on,*[71] agus tá sí coitianta i scéalta eiseamláireacha meánaoiseacha freisin.[72] Níl aon amhras ná gur tréan a thacaigh foirmle an bhreithiúnais ar an Lá Deireannach mar a thugtar sa sóiscéal é, leis an tuiscint a chothú gur teachtaire nó ionadaí Dé é an bochtán.

Ach, ar ndóigh, tá fáil neamhspleách ar an traidisiún Críostaí ar an móitíf seo chomh maith. Cuirtear in iúl go minic san *Odaisé*, mar shampla, go mbíonn cosaint ó Shéas ag taistealaithe agus go ndéanann sé cúram faoi leith dóibh. Cuireann an muicí, Eomaeas, friotal beacht ar an smaoineamh gur teachtaire ó dhia é an stróinséir, nuair a deir sé lena mháisitir a tháinig ina threo i gcló bacaigh:

Duine ba shuaraí fós ná tú féin dá dtiocfadh a dheoraí,
Níor cheart liomsa neamhspéis ann; is ó Shéas chugainne

68. *Gníomh.* 14:11-8: 'Nuair a chonaic na sluaite cad a bhí déanta ag Pól, d'ardaigh siad a nglór á rá i dteanga na Lucaóine: "Tá na déithe tagtha anuas inár measc i gcló daoine." Thug siad Séas ar Bharnabbas agus toisc gurbh é Pól an príomhchainteoir thug siad Heirméas airsean.'
Eabh. 13:2:'Ná déanaigí dearmad ar an bhféile a chleachtadh. Óir, mar gheall ar an bhféile bhí daoine áirithe ann a rabh aingil ar cuairt acu gan fhios dóibh.'
69. *Gein.* caib. 18; cf. M. Eliade, eag., *The Encyclopedia of Religion*, New York 1987, iml. 6, *s.v.*, Hospitality, 471: *It is not surprising that in rabbinic Judaism, early Christianity and Islam, Abraham becomes a kind of patron saint of hosts.*
70. Gruagach an Tobair agus Fionán Mac Coluim, *An Sgoraidheacht*, Baile Átha Cliath 1921, 13-4; *An Claidheamh Solais*, Iml. III, uimh. 17, 6 Iúil 1901, 259; tá an nath sa chaint i gCorca Dhuibhne freisin.
71. C. Plummer, *Vitae Sanctorum Hiberniae*, I-II, Oxford 1910, I, cxiii; féach na móitífeanna, *Christ appears as leper,* agus, *Holy man appears as leper,* in Dorothy Ann Bray, *A List of Motifs in the Lives of the Early Irish Saints*, FF Communications 252, Helsinki 1992, 99, 137.
72. E. g., Tubach, *Index Exemplorum*, §§ 985, 987, 988, 990, 1048, 2694, 3192.

do cuirtear
Deoraithe is bacaigh ...[73]

Bhí an dia Sraosha mar chosantóir ag bochtáin sa Pheirs anallód
agus tugann seantéacs Indiach le fios gurb iad na déithe go léir a
bhíonn i riocht an aoi.[74] I mír sa téacs Hindúch, an *Panchatantra*,
léirítear gur ábhar sóláis do na déithe an chóir a chuirtear ar an aoi:

No stranger may be turned aside
who seeks your door at eventide;
nay, honour him and you shall be
transmuted into deity ...

The sacred fires by kindly word
And Indra by the chair is stirred,
Krishna by water for the feet,
And Lord of All by things to eat.[75]

Tá fáil i dtraidisiúin seachas an Chríostaíocht ar thuiscintí eile
freisin a léirítear sna scéalta cráifeacha i dtaobh chleachtadh na
féile. Glactar leis, mar shampla, sa Hiondúchas, sa Bhúdachas agus
i dteagasc Confucius, go gcúitítear an fhéile le duine ar an saol seo
agus go dtéann sé chun tairbhe dó freisin ar an saol eile.[76] De réir
theagasc Ioslam tá maithiúnas peacaí le fáil de bharr bhronnadh
déirce, agus tugann Allah ar ais do dhuine dúbailt na déirce a
dhéanann sé.[77] De réir theagasc na mBrahman san Ind is ceart
bronnadh a dhéanamh le croí mór maith, agus sa traidisiún
Peirseach mhúin Zoroaster gur as an déirc a thugann duine a dhéan-
tar an t-éadach a bheidh uime ar an saol eile.[78]
Tá léargais spéisiúla ar chleachtadh na féile i seansibhialtachtaí
agus i bpobail phrimitíbheacha curtha i láthair ag antraipeolaithe a
áitíonn gur bonn draíochtúil nó piseogach a bhí le cleachtadh na
féile, go háirithe gnásanna aíochta, sa chianaimsir. Ba ghá, dar leo,

73. de Brún, *An Odaisé*, leabhar XIV, 250.
74. Westermarck, *Origin of Moral Ideas*, 551, 583.
75. A. W. Ryder, aistr., *The Panchantra*, Chicago 1972, 62-3.
76. Eliade, *Encyclopedia of Religion*, s.v., Hospitality, 470-73; Westermarck,
Origin of Moral Ideas, 549, 551; M. Mauss, *The Gift. Forms and functions of
exchange in archaic societies*, aistr., I. Cunnison, London 1970, 54, 55.
77. Mauss, *The Gift*, 76.
78. Westermarck, *Origin of Moral Ideas*, 594, 551.

míniú a sholáthar ar an ómós a léirítear don aoi stróinséartha agus
d'institiúid na haíochta i bpobail ar ghnách leo, lasmuigh de
chomhthéacs na haíochta, a bheith naimhdeach, nó ar nós cuma
liom i leith daoine nár bhain lena ngrúpa sóisialta féin. Tá a lán
fianaise ó chultúir éagsúla gur samhlaíodh cumhacht neamhshaolta
leis an stróinséir a d'fhéadfadh feidhmiú chun sonais nó chun
donais. Bhí anáil láidir ag eagla roimh asarlaíocht ar dhearcadh
daoine ar an stróinséir rud a d'fhág gur ionsaí nó teitheadh an
fhreagairt ba ghnáthaí dó.[79] Dírítear aird sa phlé seo ar an ngaol atá
ag an bhfocal ar 'namhaid' agus an focal ar 'stróinséir' le chéile, i
scata teangacha,[80] agus ar ndóigh, tá an focal 'coimhthíoch' sa
Ghaeilge le cur san áireamh anseo freisin.

   Maítear go raibh an nósmhaireacht a bhain le haíocht dírithe ar
dheimhin a dhéanamh de nach dochar ach maitheas a thiocfadh as
an teagmháil seo leis an stróinséir: *the extreme regard shown to a
guest and the preference given him in every matter, must, in a large
measure, be due to fear of his anger as well as to hope of his bless-
ing.*[81] Bhí gá faoi leith an toradh dearfach sin a chinnitú i gcás na
haíochta mar go raibh an stróinséir ar fhód an tíosaigh, é buailte ar
a thigh agus a theaghlach, agus tuigeadh gur mhéadaigh an dlúth-
theagmháil sin ar chumas an stróinséara dochar a dhéanamh. I
gcultúir áirithe féachadh leis an dainséar a bhain leis an stróinséir a
chealú trí dhul i muinín deasghnátha glantacháin agus díthruaillithe
chun an teir a bhaint de.[82] Chuir na searmanais seo an stróinséir in
oiriúint don chomhluadar – nuair a thugtar duine laistigh den
ghrúpa laghdaítear ar an mbaol go mbeidh sé namhadmhar don
ghrúpa sin – agus ba é an comhartha ba shoiléire ar ghlacadh a
bheith ag an gcomhluadar leis an stróinséir ná aíocht a thairiscint
dó. Is tuiscint an-fhorleathan í go mbunaítear cumann eatarthu siúd
a bhíonn i gcuibhreann a chéile agus is comhartha é an béile a thug-
tar don stróinséir ar bhallraíocht sa ghrúpa a bheith bronnta air.
   Tá cur chuige eile le cumhacht mhallaithe an stróinséara a chealú

79. J. G. Frazer, *The Golden Bough*, [eag. gearr] London 1987, 194: *Now of all
sources of danger none are more dreaded by the savage than magic and witchcraft,
and he suspects all strangers of practising these black arts.* Féach freisin J.
Hastings, eag., *Encyclopaedia of Religion and Ethics*, Edingurgh 1981, iml. 11,
s.v., Strangers, 884: *As a general rule the savage fears and hates the stranger, and
looks upon him, certainly as an enemy, and it may be, as a being brutish, monstru-
ous and devilish.*
80. Hastings, *ibid.*
81. Westermarck, *Origin of Moral Ideas*, 592-3
82. Frazer, *The Golden Bough*, 194-8.

le haithint freisin, mar atá, féachaint lena dhea-mhéin a spreagadh le barr tláithínteachta agus cineáltachta:

> It seems odd that among the Romans, as well as among other ancient peoples and among savages of our own day, strangers, who are ordinarily taboo, should often be treated with great consideration, but the explanation is quite simple. As a stranger possesses mana which is potentially dangerous, he must be prevented from doing harm and this end is attained by feeding and housing him.[83]

Dírítear aird ar bhunús eile le cleachtadh na féile sa phlé a dhéanann Marcel Mauss ar thuiscint a bhí i réim i seansibhialtachtaí agus in iliomad pobal primitíbheach, gur bhain sé le nádúr na maoine, idir mhaitheasaí an dúlra agus tháirgí an duine, go roinnfí í.[84] Tuigeadh gur éiligh an mhaoin féin go ndéanfaí amhlaidh. Chinnteodh a roinnt go mbeadh flúirse arís ann, agus mura ndéanfaí í a roinnt, bheadh peaca á dhéanamh in aghaidh an maoine agus leanfadh pionós na gannchúise é sin. Léirítear an méid sin sa chuntas seo a leanas ar thuiscint na mBrahman ar chleachtadh na féile:

> The thing given brings return in this life and in the other … food given away means that food will return to the donor in this world; it also means food for him in the other world and in his series of reincarnations. Water, wells and springs given away are insurance against thirst; the clothes, the sunshades, the gold, the sandals for protection against the burning earth return to you in this life and in the other … Land, food or whatever one gives away … state their desire to be given away. The land once spoke to the sun hero Rama … 'Give me and you shall receive me again' … It is in the nature of food to be shared; to fail to give others a part is to 'kill its essence', to destroy it for oneself and for others.[85]

83. E. D. Burriss, *Taboo, Magic and Spirits. A study of primitive elements in Roman religion*, Estport (Connecticut) 1974, 99-100.
84. Mauss, *The Gift, 53-9.*
85. *Ibid.*, 54-6. Luann Mauss an ceangal a dhéanann údair áirithe idir an tuiscint go leanann rath an roinnt, agus an nós a chleachtar i dtíortha éagsúla go fóill, bronntanais a thabhairt do bhuíon a thugann turas deasghnáthúil ar thithe ar fhéilte áirithe, *ibid.*, 13.

Seantuiscint eile den aigne chianach i dtaobh chleachtadh na féile a ndíríonn Mauss aird uirthi is ea gur éiligh bronntanas go ndéanfadh an té a fuair é cúiteamh cuí leis an mbronntóir,[86] agus is féidir na paidreacha (don bhronntóir agus dá mhairbh) a bhí dlite ar an té a fuair déirc de réir na scéalta cráifeacha abhus, a shuíomh sa chomhthéacs seo.

Tá léirithe ag Gurevich gur mhair cuid de na seantuiscintí ar chleachtadh na féile isteach sa Mheánaois in iarthar na hEorpa, ina measc an tuiscint gur chothaigh bronnnadh de chineál áirithe flúirse agus rath ar an dúlra.[87] Ag tagairt atá sé don dualgas a bhí ar uaisle, agus an rí go háirithe, a bheith fial faoi bhronnadh. Ní hé amháin gur chuir bronnadh le stádas na n-uasal, ach tuigeadh chomh maith, gur chinntigh a bhflaithiúlacht go mbeadh an rath ar an dúlra, rud a d'fhág freagracht faoi leith orthu an fhéile a chleachtadh. Cuireann Gurevich síos mar a leanas ar an nasc idir flaitheas agus bronnadh sa traidisiún Lochlannach:

> According to tradition, when a country was ruled by a successful king who was generous in the matter of feasts and entertainments, then, naturally, peace reigned, cattle were bred, the land brought forth fine harvests, and fish were caught in the sea … Generosity here is regarded not only as a moral duty but also as a quality possessing certain magical and sacramental properties.[88]

De réir na tuisceana ar fhlaitheas a bhí sa tír seo freisin, bhí ceangal idir rath na dúthaí agus féile an rí. Bhí an fhéile ar cheann de na tréithe nárbh fholáir a bheith ag an rí ceart ionas go mbeadh rath ar an ríocht – bhain sé le 'fír flatha' go mbeadh an rí fial flaithiúil agus go ndéanfadh sé cúram don ainniseoir.[89] Go deimhin is léiriú spéisiúil iad na focail 'fial' agus 'flaithiúil' ar an nasc a mhothaigh Gael anallód idir flaitheas agus bronnadh.[90]

86. *Ibid.*, 8-12.
87. A. Ya. Gurevich, 'Wealth and Gift-Bestowal among the Ancient Scandinavians', *Scandinavica* 7 (1968), 126-38.
88. *Ibid.*, 134.
89. K. McCone, *Pagan Past and Christian Present in Early Irish Literature*, Maynooth 1990, 127, 139, 141. Díreach mar bhí nasc idir bhronnadh an rí agus rath ar an dúlra sa traidisiún Lochlannach, tharlódh go mbeadh anáil ag an tuiscint chéanna ar an nósmhaireacht a bhain le bronnadh an taoisigh ar an bhfile abhus.
90. Féach *Dictionary of the Irish Language*, *s.vv.*, fial, flaith, flaithemail.

Seantuiscint eile bainteach le cleachtadh na déirce a bhí
marthanach i dtraidisiúin éagsúla is ea go raibh bua beannachta
agus mallachta ag an té a bhí ag iarraidh déirce, agus maítear gur
mhór an spreagadh le síneadh láimhe a thabhairt do bhochtáin an
tuiscint seo.[91] Is gné bhuan den tsiceolaíocht dhaonna í an eagla
roimh mhallacht, agus tuigeadh go traidisiúnta go raibh tionchar
mór ag stádas an té a chaitheann í ar an éifeacht a mheastar a bheith
le mallacht. Is mar gheall air sin a ceapadh sa tír seo brí faoi leith a
bheith le mallacht baintrí nó sagairt[92] ach bhíodh eagla mhór freisin
roimh mhallacht an bhacaigh mar a thuairiscíonn an Duinníneach:

> Adeiridís paidreacha do lucht tabhartha na déirce, agus
> adeiridís iad as a seasamh, agus a hataidhe n-a ndóirnibh
> aca. Is annamh ar fad d'eitighthtidhe iad, agus mo thruagh-
> sa an té d'eiteochadh cuid aca, mar gurbh ortha a bhíodh
> an droich-bhéal go minic. Níor bh'fhada ó n-a lán díobh a
> ndroch-chainnt agus níor bh'aon nídh leo eascainidhe
> troma a leagadh anuas ar mhullach cinn ar mhuinntir an
> tighe agus ar a sliocht agus ar a mbólacht. Anois is arís
> ghabhadh amhas an treo go mbíodh eagla ar na daoinibh
> roimhe agus is annamh a theipeadh air cibé nidhe badh
> mhaith leis d'fháil.[93]

IV

Ar a slí féin ba mhaith an ithir ag an teagasc Críostaí i dtaobh na
carthanachta na seantuiscintí sin agus na cleachtais a bhí bunaithe
orthu. Ba chunámh do chur chun cinn theachtaireacht na hEaglaise
gur áiríodh an aíocht agus an bronnadh mar iompar ionmholta i
sraith sheanda den chultúr agus go raibh nósanna aitheanta baint-
each leis an iompar sin i bpobail éagsúla. Fiú más bonn draíochtúil

91. Westermarck, *Origin of Moral Ideas*, 563: *Considering how widely spread is
the belief in the efficacy of curses and blessings, there can be little doubt that char-
ity and generosity are connected with this belief in many cases … The curses and
blessings of the poor partly account for the fact that charity has come to be
regarded as a religious duty.*
92. Ó Súilleabháin, *A Handbook of Irish Folklore*, 430.
93. P. Ua Duinnín, *Muinntear Chiarraí Roimh an Droch-shaoghal*, Baile Átha
Cliath 1905, 26. Níorbh ionadh go gcothódh an bua draíochtúil a bhí luaite le
bréithre an fhile sa traidisiún Gaelach, dánaíocht san fhile maidir le héilimh a
dhéanamh ar an taoiseach, agus chomh maith céanna, go spreagadh sé an taoiseach
chun freagairt do na héilimh sin.

a bhí faoin gcinéal seo iompair, níor ghá don Eaglais Chríostaí é a chosc, ach is amhlaidh a thug sí céim suas dó trí spreagadh nua a lua leis, mar atá, cúnamh a thabhairt don bhochtán *de ghrá Dé*. Feictear óna bhfuil ráite thuas faoi scéalta cráifeacha an bhéaloidis go bhfuil an léiriú a thugtar iontu ar an bhfiúntas a bhaineann le cleachtadh na féile ag teacht go maith le teagasc na hEaglaise. Tá roinnt scéalta nár pléadh thuas, a dhíríonn ar an bpionós a chuirtear sa saol seo agus sa saol eile ar dhaoine nach gcleachtaíonn an fhéile, chomh ceartchreidmheach céanna. Is ionann an fhreagairt don bhochtaineacht atá á cur chun cinn sna scéalta seo agus an fheagairt a cuireadh chun cinn go traidisiúnta sa Chríostaíocht .i. gur ceart a bheith carthanach i leith na mbochtán – an bhéim á cur ar an déirc seachas díriú ar na cúinsí óna n-eascraíonn an bhochtaineacht a chur ina gceart. Ba í an fhreagairt idéalach don bhochtaineacht i mbeathaí na naomh leis na cianta ná cúnamh a thabhairt don ainniseoir.[94]

94. A. Gurevich, *Medieval Popular Culture: Problems of Belief and Perception*, Cambridge 1988, 56-7.

SCÁTHÁN SHACRAMUINTE NA hAITHRIDHE: SCÁTHÁN NA SACRAIMINTE CÉANNA

Mícheál Mac Craith

Scoil na Gaeilge, Ollscoil na hÉireann, Gaillimh

Sa réamhrá a chuir Aodh Mac Aingil le *Scáthán Shacramuinte na hAithridhe*, chosain sé é féin orthu siúd a lochtódh Gaeilge an tsaothair sna téarmaí seo a leanas: 'as í ár bhfreagra ar sin, nách do mhúnadh Gaoidhilgi sgríobhmaoid achd do mhúnadh na haithridhe, 7 as lór linn go ttuigfidhear sinn gé nách biadh ceart na Gaoidhilgi againn'. Tamall gearr sular chuir an tAth. Cainneach Ó Maonaigh eagrán nua den *Scáthán* amach sa bhliain 1952, thagair sé go híoróineach don fhéinchosaint seo:

> Irony of fate, his text is about to appear as one of a series of texts being published by the School of Celtic Studies of the Dublin Institute for Advanced Studies and it is being edited not to teach penance but Irish.[1]

Siúd is go raibh is go bhfuil fós dóthain cúraimí ar Scoil an Léinn Cheiltigh cheana féin gan múineadh na haithrí a chur leo, is é oighear an scéil gur dhírigh an réamhrá ar chúrsaí teanga don chuid is mó agus nach ndearnadh aon iarracht an téacs a shuíomh ina chomhthéacs ceart staire, mar atá, na hiarrachtaí a rinne ceannairí an Leasúcháin Chreidimh Chaitlicigh oiliúint níos fearr a chur ar an bpobal i bponcanna an chreidimh i bhfianaise an tsoiléirithe a rinneadh ag Comhchomhairle Thrionta ar na ceisteanna conspóideacha a d'ardaigh na leasaitheoirí Protastúnacha. Is fadhb í seo nach mbaineann leis an téacs seo amháin, ar ndóigh, ach is cuid d'oidhreacht léann na Gaeilge i gcoitinne í ón am a d'éirigh le fileolaithe na Gearmáine measúlacht agus stádas a bhaint amach don Léann Ceilteach mar shaindisciplín acadúil ó lár an naoú haois déag ar aghaidh. D'fhág lorg na hoidhreachta seo, áfach, go gcuirtí an bhéim ar fad ar théacsanna a chur in eagar agus d'fhan an treocht seo i réim go lár na seascaidí den aois seo caite. Siúd is go ndearnadh saothar den scoth i saothrú na Gaeilge de bharr thionchar na

---

1. Canice Mooney, *Devotional writings of the Irish Franciscans 1224-1952* (Killiney, 1952), 17.

nGearmánach agus gur éilíodh agus gur cothaíodh dianchaighdeán cruinnis agus eagarthóireachta, bhí an baol ann go mbreathnófaí ar sholáthar an téacs mar bhuaic na scoláireachta agus ar an drochuair fágadh scoláirí agus léitheoirí i gcoitinne le téacs gan chomhthéacs agus rinneadh faillí sna ceisteanna bunúsacha, cad a bhí á rá ag téacs ar leith, cad chuige agus cé dóibh ar scríobhadh é agus cén tionchar a bhí aige? Ní mór a dhearbhú nach bhfuil i soláthar cearteagráin den téacs ach an chéad chéim, dá riachtanaí féin mar chéim í.

Lena cheart a thabhairt do Thomás Ó Cléirigh, rinne seisean anailís ar stíl scríbhneoireachta Mhic Aingil chomh fada siar le 1936,[2] ach is laistigh de pharaiméadair na Gaeilge féin a bhí sé ag feidhmiú. Is iontach an chomaoin atá curtha ag Tadhg Ó Dúshláine ar an tuiscint atá againn ar stíl Mhic Aingil trí aird a dhíriú ar na tréithe barócacha a bhaineann lena chuid scríbhhneoireachta, tréithe a dhéanann scríbhneoir Eorpach den údar a bhaineann leis an tréimhse chorrabuaiseach úd idir 1550 agus 1650 nuair a tháinig meath ar an dóchas as acmhainní an spioraid dhaonna a ghin an Renaissance.[3]

Sa bhliain 1993 shoiléirigh Mícheál Mac Craith toise polaitíochta an *Scátháin* nuair a léirigh sé go dtéann an chuid dheireanach den téacs, *Don Loghadh*, i ngleic le fadhb pholaitíochta a bhí ag dó na geirbe ag diagairí Caitliceacha na linne, cén ghéillsine a bhí dlite ag géillsinigh Chaitliceacha do mhonarc neamh-Chaitliceach, fadhb, ar ndóigh, a raibh dlúthbhaint aici le cás comhaimseartha na hÉireann.[4] Ach cé go raibh cúrsaí reiligiúin agus cúrsaí polaitíochta fite fuaite ina chéile ag an am seo, déanta na fírinne, níl aon bhaint shainiúil ag an gcuid dheireanach seo den saothar le sacraimint na haithrí.

Chun scéal gairid a dhéanamh de, siúd is go bhfuil roinnt mhaith tráchtairí tar éis scagadh a dhéanamh ar *Scáthán Shacramuinte na hAithridhe* maidir le teanga, stíl agus polaitíocht an tsaothair, níl duine ar bith go fóill tar éis an téacs a chíoradh mar áis teagaisc faoin aithrí.

2. Tomás Ó Cléirigh, *Aodh Mac Aingil agus an Scoil Nua-Ghaedhilge i Lobháin* (B.A.C., 1936), 73-92.
3. Tadhg Ó Dúshláine, 'Athléamh ar Aodh Mac Aingil', *Irisleabhar Mhá Nuad* 1976, 9-25; *An Eoraip agus litríocht na Gaeilge 1600-1650. Gnéithe den Bharócachas i litríocht na Gaeilge* (B.Á.C., 1987), 82-115.
4. Mícheál Mac Craith, 'Scáthán Shacramuinte na hAithridhe : saothar reiligiúnda nó saothar polaitíochta?', *Irisleabhar Mhá Nuad* 1993, 144-154.

Is é an ní is mó a chuaigh i bhfeidhm ar an *Scáthán* ná an díospóireacht fhada a rinneadh ar shacraimint na haithrí ag Comhchomhairle Thrionta ag an gceathrú seisiún déag idir 15 Deireadh Fómhair agus 25 Samhain 1551. De bharr na díospóireachta seo d'eisigh an Chomhchomhairle naoi gcaibidil agus agus cúig chanón déag inar beachtaíodh teagasc na heaglaise Caitlicí.[5] Ní mór a chur san áireamh, áfach, gur mó a theastaigh ó aithreacha na comhchomhairle earráidí na leasaitheoirí Protastúnacha a bhréagnú ná ráiteas cuimsitheach a eisiúint faoi theagasc na hEaglaise, rud a fhágann go ndeachaigh gné na polaimice go mór i bhfeidhm ar chur chuige agus ar ráitis na Comhchomhairle.

Cuireadh cinnte na Comhchomhairle ar fáil don phobal caitliceach i gcoitinne nuair a eisíodh *Teagasc Críostaí Chomhchomhairle Thrionta* sa bhliain 1566 agus rinneadh tuilleadh beachtaíochta ar riaradh na sacraimintí nuair a foilsíodh an *Rituale Romanum* sa bhliain 1614. Is iad na téacsanna seo agus an cúlra conspóideach ón ar eascair siad is mó a chuaigh i bhfeidhm ar Mhac Aingil agus a shaothar féin á dhréachtadh aige.

Cé go raibh an ní céanna ag dó na geirbe ag na leasaitheoirí Protastúnacha agus Caitliceacha araon, mar atá, maithiúnas agus grásta Dé a chinntiú don pheacach, níorbh ionann an cur chuige a bhí ag an dá thaobh, faitíos ar an leasaitheoirí Protastúnacha nach n-éireodh leis an tsacraimint an aidhm seo a chur i gcrích, agus a ghlanmhalairt á héileamh ag cosantóirí na sacraiminte. Má bhí imní ar na leasaitheoirí go ndéanfadh an bhéim ar ghníomhartha an pheacaigh, brón, admháil agus leorghníomh, dísbeagadh ar an tús áite a bhí ag Dia i bpróiséas an mhaithiúnais, is é freagra na heaglaise gur bhuntáiste don laige dhaonna géilleadh do chumhacht na n-eochracha. Má b'eagal leis na leasaitheoirí nach raibh i bhfoirm na habsalóide agus údarás an tsagairt ach draíocht agus asarlaíocht, mhaígh lucht cosanta na sacraiminte nach bhféadfaí na nithe seo a scarúint ó chreideamh, ó chaoindúthracht, ó dhícheall agus comhoibriú an pheacaigh féin. Nuair a mhaígh na leasaitheoirí nach ndéanfadh cinnteacht an mhaithiúnais ach an pheacúlacht a chothú, chuir cosantóirí na sacraiminte an bhéim ar dhualgas agus ar fhreagracht an pheacaigh. Nuair ba chúis imní do lucht cáinte na sacraiminte nach ndéanfadh an tsacraimint ach eagla agus scrupallacht a

5. Denzinger-Schömetzer, *Enchiridion symbolorum definitionum et declarationum de rebus fidei et morum* (Barcelona, 1967). Tá na caibidlí faoin aithrí le fáil i míreanna 1667-1693 agus na canóin i míreanna 1701-1715.

chothú, chuir lucht a cosanta béim ar an maithiúnas agus ar an mis-
neach a thabharfaí don pheacach. Má b'eagal le lucht cáinte na
sacraiminte nach ndearna sí ach cur le forlámhas agus le tíoráint-
eacht na cléire, mhínigh lucht a cosanta nár mhór don chléir féin
dul ar fhaoistin. Nuair a dhearbhaigh na leasaitheoirí nach raibh sa
tsacraimint ach deasghnáth folamh leis an mbéim go léir ar
mhionchúis dlí, mhaígh an eaglais nárbh aon deasghnáth folamh
forbairt choinsias an duine aonair chun ciontacht phearsanta a
admháil, maithiúnas a lorg agus rún leasaithe a bheith aige gan
peacú arís.[6]

Is díol spéise nach bhféadfadh Lúitéar ar láimh amháin, fáil réidh
leis an tsacraimint go huile is go hiomlán, bíodh gur fhulaing sé crá
an chórais mar mhanach Agaistíneach, agus go raibh Iognáid
Loyola ar an láimh eile, ag éileamh nár mhór fáil réidh le piseoga
agus drochnósanna, cé go raibh taithí phearsanta aige féin ar shólás
na sacraiminte agus ar an uchtach a thugadh sí don pheacach.[7]

Ach bhí an dá thaobh sa díospóireacht, leasaitheoirí agus cosant-
óirí araon, dall ar fhorás stairiúil na haithrí i stair na heaglaise, go
háirithe an bhéim sa luatheaglais ar athmhuintireas poiblí an pheac-
aigh leis an bpobal Críostaí. Níor thuig siad gur thóg sé na céadta
bliain sular tháinig nós na haithrí príobháidí chun cinn. Déanta na
fírinne is í Comhchomhairle Lataranach IV sa bhliain 1215 a chuir
iachall ar gach críostaí a raibh aois na discréide sroichte aige a
pheacaí go léir a chur i bhfaoistin rúnda ó bhéal le sagart uair sa
bhliain. Is é an cinneadh seo a dhaingnigh agus a bhuanaigh cleach-
tas na faoistine príobháidí i saol na heaglaise. Thuig na Caitlicigh
aimsir Thrionta gurbh ann don chleachtas ón tús, agus ar an láimh
eile di, ba í tuiscint na leasaitheoirí gur sa bhliain 1215 a bunaíodh
an nós. Bhí dul amú ar an dá thaobh. Bíodh go raibh Caitlicigh is
leasaitheoirí araon ar aon intinn faoina riachtanaí a bhí sé maith-
iúnas agus grásta Dé a chinntiú don pheacach, níor threisigh
Trionta leis na nithe a raibh an dá thaobh aontaithe fúthu. I
ndeireadh na dála is é an príomhchúram a bhí ag Comhchomhairle
Thrionta ná cleachtas reatha na heaglaise a chosaint, mar atá,
faoistin phríobháideach agus absalóid ón sagart. Theastaigh ó na
leasaitheoirí ar an láimh eile fáil réidh leis an sagart agus dul
díreach chuig Dia chun maithiúnas a fháil, agus mheas an eaglais

---

6. Thomas N. Tentler, *Sin and confession on the eve of the Reformation* (Princeton,
1977), 363-364.
7. *Ibid.*, 367-368.

dá bharr sin nár mhór béim a chur ar chumhacht agus ar údarás an tsagairt.

Ní mór a rá go raibh foirmlí Thrionta faoi admháil iomlán peacaí agus faoin absalóid teoranta agus neamhiomlán i ngeall ar an tuiscint lochtach ar an stair, sa mhéid nár cuireadh cleachtas Eaglais an Oirthir san áireamh agus sa mhéid gur á cosaint féin ar na leas-aitheoirí is mó a bhí an eaglais. Má shéan na leasaitheoirí an dá shaintréith is mó sa chleachtas reatha, adhmáil iomlán peacaí agus absalóid ón sagart, b'éigean do Thrionta iad a athdhearbhú mar nithe a bhí ag teacht le toil Chríost don eaglais. Ach níorbh ionann an t-athdhearbhú seo agus foirmeacha eile aithrí a d'úsáidtí anallód a chros ná foirmeacha eile a thiocfadh chun cinn sa todhchaí.[8]

Nuair a eisíodh an an *Ordo ministrandi sacramenti poenitentiae sa Rituale Romanum* sa bhliain 1614 cuireadh breis bhéime ar indibhidiúlacht na sacramainte ó thaobh an pheacaigh de agus ar chléiriciúlacht na sacramainte maidir le cumhacht na n-eochracha. Mar dheasghnáth bhí sé sciobtha agus éifeachtach gan baint dá laghad aige le liotúirge, ná am ar bith curtha amú le tagairtí do thrócaire Dé ná don scrioptúr. De bharr chonspóidí an Leasúcháin Chreidimh bhreathnófaí ar na sacraimintí feasta mar rudaí a rinne an sagart don phobal leis an mbéim go léir ar an mbailíocht. Teagmháil idir an t-aithríoch agus an sagart a bhí i gceist agus cealaíodh gné na heaglaise agus an chomhluadair Chríostaí ar fad, nach mór, lasmuigh de chúpla iarsma ar nós an *Confiteor*, an *Passio* (paidir a deireadh an sagart ar san an pheacaigh tar éis na hab-salóide). Ón mbliain 1614 ar aghaidh rinneadh tuilleadh sruth-línithe ar fhoirm na faoistine. De réir mar a bhi oiliúint níos fearr á cur ar na firéin ba lú an gá don sagart ceisteanna a chur ar an bpeac-ach agus comhrá a dhéanamh leis. Laghdaíodh an *Confiteor* go dtí ráiteas simplí ón bpeacach á chur in iúl go raibh brón air faoina pheacaí. Deirtí an gníomh croíbhrú le linn na habsalóide. Ba nós leis an sagart iarraidh ar an bpeacach paidir a rá mar bhreithiúnas aithrí agus mar leorghníomh, paidir a déarfaí sula bhfágfadh sé an eaglais le cinntiú go ndéanfaí an leorghníomh. De réir mar a tháinig méadú ar líon na n-aithríoch agus ar mhinicíocht na faoistine, ba nós leis an sagart éirí as gach paidir ach amháin foirm na

---

8. Maidir le stair agus éabhlóid na haithrí i saol na heaglaise féach José Ramos-Regidor, *Il sacramento della penitenza reflessione teologica biblico-storico-pas-torale alla luce del Vaticano* II (Torino, 1971), 15-236; James Dallen, *The reconciling community the rite of Penance* (New York, 1982), Part One: shaping the tradition, 1-201.

habsalóide. Seo é an cleachtas a tháinig chun tosaigh nuair a bhí Aodh Mac Aingil i mbun pinn agus a bhí i réim a bheag nó a mhór san Eaglais Chaitliceach go dtí Dara Comhchomhairle na Vatacáine (1958-63). Nuair a leathnaíodh nós an bhosca faoistine, a bhuíochas sin do Naomh Séarlas Borromeo (1538-1584), daingníodh príobháidiú na sacraiminte tuilleadh, ach ní fhéadfaí an nós seo a thabhairt isteach in Éirinn ar ndóigh.[9] Bhí na treoracha a leag an naomh síos faoi leagan amach an bhosca chomh beacht sin gur thagair siad do mhéid na bpoll sa ghreille, 'ar aon dul le piseán'. Ar ndóigh d'fhág an reachtaíocht seo nach bhféadfadh an sagart lámh a leagan ar cheann an pheacaigh feasta mar chomhartha go raibh athmhuintireas idir é féin agus an eaglais in athuair. Siúd is gur leag an naomh féin béim an-mhór ar an *impositio manus* mar chomhartha athmhuintiris, léiríonn an chaoi a raibh an da mhír reachtaíochta ag teacht salach ar a chéile oiread a bhí príobháidiú na haithrí tar éis an lámh in uachtar a fháil ar an toise sóisialta.[10]

Bíodh is gur chuir forálacha an *Rituale Romanum* sa bhliain 1614 an dlaoi mhullaigh ar fhoirm chleachtas eaglasta na faoistine príobháidí a ceanglaíodh ar gach Críostaí ón mbliain 1215 i leith, maíonn John Bossy gur mhair rian láidir de ghné shóisialta na sacraiminte fiú sna meánaoiseanna:

Medieval confession, we need to remember, was a face-to-face encounter between two people who would probably have known each other pretty well; we may also remember that it occurred , normally speaking, once a year, in the not-so-remote presence of a large number of neighbours, and more or less at the time (Maundy Thursday) set aside for the reconciliation to the community of public penitents in the pre-scholastic sense. Given these circumstances and a little

9. Díol spéise gur éirigh leis na híosánaigh i mBaile Átha Cliath séipéal a fháil i mBlack Lane faoin mbliain 1630 a bhí feistithe de réir an chaighdeáin ba dhéanaí san Eoraip, le boscaí faoistine, crannóg a bhí maisithe le pictiúir agus ardaltóir a raibh ráillí á scarúint ón gcuid eile den séipéal. Díol spéise freisin gurbh fhiú leis na cáipéisí stáit tagairt a dhéanamh don séipéal seo (Raymond Gillespie, 'Catholic religious cultures, 1614-1697' in James Kelly and Dáire Keogh (eag.), *History of the Catholic diocese of Dublin* (Dublin 2000), 137. Bhí séipéal ag na Proinsiasaigh i nDroichead Átha taca an ama chéanna a raibh boscaí faoistine ann (Raymond Gillespie, *Devoted people: religion and belief in early modern Ireland* (Manchester and New York, 1997) 89). Ach is mar eisceachtaí amach is amach is cóir breathnú ar an dá shéipéal seo gona mboscaí faoistine.
10. John Bossy, 'The social history of confession in the age of the Reformation', *Transactions of the royal historical society, Fifth series,* Vol. XXV (1975), 28-32.

a priori knowledge of rural society, we cannot be surprised
at what we are told by the manuals that the average person
was much more likely to tell the priest about the sins of his
neighbours than about his own. It would be far-fetched to
suppose that in doing this they were aware that they were
carrying out the Gospel injunction to 'tell the church' if their
brother had offended against them and refused to make
amends; but the fact is at least not incompatible with a
notion of confession as an annual settlement of social
accounts.[11]

Chreid Bossy go raibh an dearcadh céanna ag na hÉireannaigh ar
an bhfaoistin sna meánaoiseanna mar ghníomh sóisialta is a bhí ar
an Mór-roinn, 'mediating between overt offences and overt acts of
"satisfaction", and owing more to composition-theory than to a
recognised need for repentance'.[12] Mar a deireann Alison Forrestal
faoi chás na hÉireann:

Sin was understood as a visible and social action, rather than
a personal condition and, as such, the emphasis lay with
external visible acts of penitential reparation, rather than
with inward sorrow for injustices committed. As the annual
confession took place in a public part of the church building,
or at least publicly in a designated place, the ritual was likely
to be witnessed by the assembled kin and neighbours await-
ing their turn. The laying of his hand, by the priest, upon the
head of the penitent (except in the case of women, as this
action was regarded as improper) symbolised the restoration
of the sinner to social communion with those whom they had
offended against, in addition to God. Satisfaction for one's
sins, rather than a repentant spirit, was the dominant theme
in penance; and reparation to one's neighbour, through pub-
lic acts of penance, acted as a means of of removing social
hostility and 'formed an annual settlement of social
accounts. Irish society was well attuned to the culture of
satisfaction for wrongs done. ... The imposition of money

11. *ibid.*, 24-25. Tagrann Bossy i nóta bunleathanaigh do bhean a luaigh peacaí a
fir chéile san fhaoistin ar tugadh dhá bhreith aithrí di, ceann dí féin agus ceann dá
fear céile.
12. *Idem*, 'The Counter-Reformation and the people of Catholic Ireland',
Historical Studies VIII (1971). 166.

penances upon penitents, as was common certainly in Ulster and Connaught, and the use of indulgences as an alternative to sacramental confession, condemned by the provincial synod in 1614, demonstrates that, in all sections of Irish society, inner repentance was less important, in the eyes of laity and some clergy, and perhaps especially among the wealthier classes, than the external restitution which resulted from tangible penitential actions and earned the approval of the social body.[13]

Tuairimíonn Bossy go mb'fhéidir nach raibh an fhaoistin chomh coitianta sin chor ar bith in Éirinn sa séú haois déag agus dúirt misinéirí Íosánacha go raibh na sluaite sa tóir orthu nach raibh ar fhaoistin le daichead bliain.[14] Tugann reachtaíocht eaglasta ón mbliain 1614 le fios go raibh leibhéal oiliúna an phobail sna sacraimintí an-íseal go deo agus nár mhór athrú suntasach a dhéanamh maidir le teagasc an phobail sula n-athrófaí cleachtas na faoistine chun feabhais.

Chuaigh Aodh Mac Aingil chun na Spáinne ag deireadh na bliana 1599 agus Annraoi, duine de mhic Aodha Mhóir Uí Néill á thionlacan aige mar ghiall chuig cúirt na Spáinne chun tathant ar an rí cabhair mhíleata a chur go hÉirinn. Níl a fhios againn cén dearcadh a bhí ag an tuata léannta ar staid an chreidimh ina thír dhúchais ag an am, ach nuair a chuaigh sé isteach sna Proinsiasaigh sa bhliain 1603 rinne sé teagmháil le teagasc agus díograis an leasúcháin chreidimh Chaitlicigh in ollscoil Salamanca. Agus is iad an dá ghné seo, staid an chreidimh sa bhaile agus oiliúint an údair sa teagasc iar-Thriontach, a mhúnlaigh *Scáthán Shacramuinte na hAithridhe*, agus cuireann an Proinsiasach barr maise lena theagasc tríd síos le neart scéalta samplacha, cuid acu bunaithe ar na scrioptúir, cuid eile bunaithe ar shaothar cáiliúil Joannes Maior, *Magnum speculum exemplorun*.

Sa réamhrá tagrann an t-údar don bhaiste mar an chéad chlár i ndiaidh an longbhriste faoi chrann na haithne, agus don aithrí mar an dara clár tar éis an longbhriste, rud a réitíonn leis an dara canón a d'eisigh Comhchomhairle Thrionta faoin aithrí, *secundam post naufragium tabulam*.[15]

13. Alison Forrestal, *Catholic synods in Ireland, 1600-1690* (Dublin, 1998), 24.
14. Bossy, 'The Counter-Reformation and the people of Catholic Ireland', 166.
15. Denziger, 1702.

Nó mar a deirtear in *Teagasc Críostaí Chomhchomhairle Thrionta*, Caibidil V, Ceist I:

> for it has been declared by the Council of Trent, that 'To those who have fallen after salvation, the sacrament of penance is as necessary for salvation as baptism is to those who have not been already regenerated; and that well-known saying of St. Jerome, that penance is "a second plank", is highly commended by all subsequent writers on sacred subjects. For us, after shipwreck, one only refuge for saving life remains, to seize, perchance, if possible on some plank of the wreck; so, after the loss of baptismal innocence, unless a man cling to the plank of penance, his salvation without doubt, must be despaired of.'[16]

Is fiú an méid thuas a chur i gcomórtas leis an sliocht seo a leanas i réamhrá an *Scátháin*: chum an léaghthóra. Díol spéise an bealach a gcuireann Mac Aingil le téacs Thrionta chun meafar fada sínte faoin longbhriseadh a chumadh. Díol spéise freisin an tagairt do Ghiniúint Mhuire gan Smál, alt creidimh arbh fhiú le Mac Aingil saothar gearr Laidine a fhoilsiú ina thaobh sa bhliain 1620, mar ba dhual do bhall d'ord a thug tacaíocht láidir don teagasc seo i gcónaí riamh cé nár fógraíodh mar dhogma de chuid na heaglaise Caitlicí é go dtí an bhliain 1854.[17]

> Do bhámar a luing fhíréndachda sheinsiordha a bparrthus, 7 do briseadh í fá chrann na haithne tré anfadh uabhair 7 antola Ádhaimh as Eubha, 7 do díbradh sinn ór ttír gusan seachrán sa a bhfuilmíd, 's ní fhuil dáil fillte ná furtachda aguinn achd maille congnamh dá chlár amháin. An cédchlár, an baisdeadh lé nglantar sinn ó pheacadh an tseinnsir, ina ngabhthar gach aon a mbroinn achd Mac Dé 's a mháthair. Sgaraidh grás an chláir si rinn an uair thuitmid a bpeacadh mharbhtha, 's ní fhuil slighi ar saortha aguinn achd greim daingion do bhreith ar an dara cclár, .i. sacrámuint na haithridhe, dár ttreorughadh go port nimhi, ór ghluais an t-anfadh sinn. As

16. *Catechism of the Council of Trent* (Dublin, 1947), 228.
17. Cathaldus Giblin, O.F.M., 'Hugh McCaghwell, O.F.M., Archbishop of Armagh (+1626): aspects of his life', in Benignus Millett and Anthony Lynch (eag.) *Dún Mhuire, Killiney 1945-95: Léann agus seanchas* (Baile Átha Cliath, 1995), 90-91.

bríoghmhar an clár sa, ór, gé gur báitheadh síol Adhaimh uli
san bpeacadh achd an dís adubhart, nír damnuigheadh aon-
duine 7 ní daiméontar go hifrionn achd do dhíth an chláir si
shubháilci nó shacrámuinti na haithridhe.

Báitthear iliomad
do bhrígh nách áil léo a ghlacadh 7 iliomad eile ghlacas é
mar nach éol dhóibh a sdíuradh, ór, gé go ngluaisionn an clár
go purt nimhe, tig d'ainbhfios an sdíurthóir gur go purt ifrinn
ghabhas ris, 7, mar sin do-ní ionstramuint dá dhamnughadh
don chlár do chruthaidh Dia dá shlánughadh.[18]

I ndiaidh an réamhrá ghairid, chun an léitheora (SSA, lgh.
3-6, línte1-123), atá ar eolas go maith ag scoláirí na Gaeilge i ngeall ar
an mblas polaimiciúil frith-Phrotastúnach a bhaineann leis; i ngeall
ar an tuiscint atá ag an údar ar Éirinn mar náisiún Caitliceach; agus
i ngeall ar an tús áite a thugann sé do shothuigtheacht na teach-
taireachta atá le craobhscaoileadh aige thar stíl na teanga, déantar
corp an tsaothair a roinnt ina chúig rannóg le gach rannóg briste
suas ina caibidlí, mar atá, don tuirse (SSA, lgh. 7-58, línte 124-
1,879), don fhaoisidin (SSA, lgh. 59-107, línte 1,880-3,485), don
lóirghníomh (SSA, lgh. 108-132, línte 3,486-4,336), don absolóid
(SSA. lgh. 133-153, línte 4,337-5,044), don loghadh (SSA, lgh.
154-200, línte 5,045-6,600). Déantar tagairt shonrach do Thrionta
naoi n-uaire ar fad i rith an téacs agus dosaen uair sna nótaí ar imill
na leathanach. Ní bhacfaidh mé leis an rannóg dheireanach san
aiste seo toisc gur cúrsaí polaitíochta agus an ghéillsine ba dhlite do
Shéamas I ó Chaitlicigh na hÉireann is mó a bhí idir chamáin ag
Mac Aingil ann. Déanta na fírinne níl ach an nasc is caoile ag an
rannóg seo le sacraimint na haithrí, cé go bhféadfaí a áiteamh mar
a dhéanann Dallen, gurbh ionann ionsaí Lúitéir ar loghanna agus
ionsaí ar chóras iomlán na meánaoise faoin aithrí.[19] Síud is gurb é
Scáthán shacramuinte na haithridhe a thug Mac Aingil mar theid-
eal ar a shaothar gan aon lua ar loghanna ann, is díol spéise gur mar
tractatus de poenitentia & indulgentiis a thagraítear don leabhar
san *approbatio* a dhearbhaigh nach raibh dada ann a bhí contrártha
le teagasc na hEaglaise.[20] Beirt Phroinsiasach Éireannach eile a bhí
sa Lováin ag an am, Antaine Ó hIceadha agus Roibéard Mac Airt,

18. *Scáthán shacramuinte na haithridhe*, in eagar ag Cainneach Ó Maonaigh,
O.F.M. (Baile Átha Cliath, 1952), lgh 3-4, línte 30-49. Bainfear leas as an eagrán
seo tríd síos agus tagraítear dó leis an ngiorrúchán SSA.
19. Dallon, *op., cit.,*168. Féach freisin nóta 4 thuas.
20. Eagrán Uí Mhaonaigh, 219.

a scríobh an *approbatio* agus is léir gur bhreathnaigh siad sin ar an
rannóg faoi na loghanna mar mhír ar leith a bhí neamhspleách ar an
gcuid eile den saothar. Ach cuid na loghanna a fhágáil as, is fiú a
mheabhrú go bhfuil leagan amach Mhic Aingil bunaithe go huile is
go hiomlán ar an mbeachtú a rinne Trionta ar dhamhna agus ar
fhoirm na sacraiminte, mar is léir ón dá shliocht seo a leanas as
Teagasc Críostaí Chomhchomhairle Thrionta:
    Question XIII.—*The Matter of Penance what, and of what kind.*

> And as nothing should be better known to the faithful peo-
> ple than the matter of this sacrament, they must be taught
> that penance differs from the other sacraments principally in
> this, that the matter of the other sacraments is some produc-
> tion of nature or art, but the matter, as it were, of the sacra-
> ment of penance consists, as has been declared by the
> Council of Trent (Sess. XXIV, c. 3 et can.4), of the acts of
> the penitent, namely of contrition, confession, and satisfac-
> tion, inasmuch as they are required in the penitent by the
> institution of God for the integrity of the sacrament, and the
> full and perfect remission of his sins. ...

Question XIV.— *What is the Form of the Sacrament of Penance* .

> Explanation of the form also is not to be omitted, because the
> knowledge thereof may excite the minds of the faithful to
> receive with the greatest devotion the grace of this sacrament.
> Now the form is: 'I ABSOLVE THEE,' as not only may be
> inferred from these words: 'Whatsoever you shall bind upon
> earth, shall be bound also in heaven' (Matt. xviii, 18); but as we
> have also learned from the same doctrine of Christ our Lord,
> handed down to us by the Apostles, and as the sacraments sig-
> nify what they accomplish, and the words, 'I absolve thee,'
> show that the remission of sins is accomplished through the
> administration of this sacrament, it is evident that they consti-
> tute the perfect form of penance. For sins are, as it were, the
> chains by which souls are held fettered, and from which they
> are 'loosed' by the sacrament of penance. This the priest pro-
> nounces with no less truth of him also, who by virtue of a most
> ardent contrition, accompanied, however, by a desire of con-
> fession, has already received from God the pardon of his sins.[21]

21. *Catechism of the Council of Trent* , 234.

Cuirtear an teagasc thuasluaite in iúl go gearr gonta sa *Rituale Romanum* 1614:

> illius quidem remota materia sunt peccata, proxima vera sunt actus poenitentis, nempe contritio, confessio, et satisfactio. Forma autem, illa absolutionis verba:[22]

Is é an t-ord ceannann céanna seo a leanann Mac Aingil.

Don tuirse

Sa chéad rannóg tugann Mac Aingil sainmhíniú ar an doilíos mar ghráin agus fuath, tuirse agus dobrón don pheaca maille le rún gan a dhéanamh arís. Luann sé nach gá deora leis an mbrón a chur in iúl. Cé gur féidir leis an oide faoistine geallúint a bhaint as an aithríoch siocracha na bpeacaí a sheachaint, is leor gráin dáiríre don fhaoistin toisc nach féidir fuath éifeachtach don pheaca a bheith agat gan rún a sheachanta a bheith i bhfolach san fhuath sin. Feicimid cúram tréadach an údair ag teacht chun cinn nuair a chomhairlíonn sé don léitheoir gan a bheith scrupallach faoina a fhollasaí a bhíonn an rún aige an peaca a sheachaint.

Díol spéise go labhraíonn an t-údar leis an léitheoir sa dara pearsa tríd síos sa saothar seo, gné a thugann blas thar a bheith pearsanta agus bríomhar don teagasc agus don chomhairle ar fad.

Déanann Mac Aingil idirdhealú idir dhá chineál doilís, *contritio* agus *attritio* na Laidine. Míníonn sé *contritio* mar mhionbhrú agus comhbhriseadh croí agus áitíonn sé gur maith an focal Gaeilge *dioltuirse* don rud a chiallaíonn *contritio*, tuirse nó brón a ghintear ó ghrá Dé. Maitheann an dioltuirse peacaí marfacha ach rún faoistine a bheith agat. Ní mór rún faoistine a bheith ann toisc gur ordaigh Críost sacraimint na faoistine nuair a thug sé eochracha ceangail agus scaoilte cách óna bpeacaí ar láimh na heaglaise. Maidir le *attritio*, an dara cineál doilís nach bhfuil chomh láidir le dioltuirse, 'aithrí' nó 'aithreachas' a thugann Mac Aingil air sa Ghaeilge. Eagla roimh phianta Ifrinn a spreagann an doilíos seo nó trí bheith ag smaoineamh ar thruaillíocht an pheaca. Tá an fhaoistin agus absalóid riachtanach don doilíos seo. Ní leor rún na habsalóide gan í a fháil sula maitear an peaca leis an doilíos seo. Ní fios do dhuine cén saghas doilís a bhíonn aige. Is leor aithrí don fhaoistin ach is fiú iarracht a dhéanamh an aithrí a mhéadú ina dhioltuirse. Cé nach

---

22. *Rituale Romanum*, 53.

mór aithrí a bheith ag an aithríoch do gach peaca ní gá aithrí faoi leith a bheith aige do gach aon pheaca faoi leith. Uair amháin eile tagann cúram tréadach an údair chun cinn nuair a mhaíonn sé nár chóir slí ár slánaithe a dhéanamh níos deacra ná mar a deir Dia nó an eaglais. Ná bíodh buairt ná scrupall ort mura bhfuil tú cinnte an bhfuil doilíos ort nó nach bhfuil. Má tá doilíos ort faoi gan gan doilíos a bheith ort agus rún agat do dhícheall a dhéanamh gan titim i bpeaca arís, bíodh dóchas as Dia agat nach bhfuil tú gan aithrí fhírinneach (línte 223-247).

Molann an t-údar bealaí éagsúla don aithríoch chun an doilíos a chothú, mar shampla, an urnaí, smaoineamh ar ghrá agus ar thrócaire Dé, na tíolaicí a bhronn Dia air agus an chaoi ar chaith sé leo. Ina dhiaidh sin comhairlíonn Mac Aingil gan an aithrí a chur ar cairde go ham an bháis. Áitíonn sé gur mór an easpa céille a leithéid a dhéanamh toisc gur minic a thagann an bás aniar aduaidh ar an bpeacach, agus cuireann sé barr maise lena áiteamh trí leas a bhaint as go leor scéalta samplacha. Meabhraíonn Mac Aingil gur dual don bhás bheith mar a bhí onn an bheatha agus dá bhrí sin nach mór tosnú ar an ullmhúchán ar an bpointe boise faoi mar a bheadh an bás in aice láimhe. Cé gur léir nach bhfuil d'aidhm ag scéalta an Phroinsiasaigh ach imeagla a chur ar an bpeacach gan am na haithrí a chur ar cairde, fós féin, impíonn Mac Aingil ar an léitheoir nach leanann a chomhairle gan dóchas a chailliúint as trócaire Dé. Más fíor nach slánaítear ach beagán díobh siúd a fhanann sa pheaca go ponc an bháis, cá bhfios nach duine den bheagán sin tusa? (línte 1534-1545). Ansin díríonn an t-údar a aird go sainiúil ar chás na hÉireann. Más amhlaidh a mheallann an diabhal daoine in go leor tíortha chun an aithrí a chur ar cairde, is mó fós a mheallann sé in Éirinn i ngeall ar an easpa prealáidí agus seanmóinithe chun comhairle cheart a chur ar na fíréin.

Tugann Mac Aingil cúig threoir don pheacach chun cabhrú leis an aithrí fhírinneach a aithint. Sa chéad áit má tá rún aige gan peaca a dhéanamh arís, go fiú más fearr leis mórán a fhulaingt seachas peaca marfach a dhéanamh. Má tá sé ullamh chun leorghníomh a dhéanamh agus leasú a thabhairt don uile dhuine dá ndearna sé díobháil, ina onóir, ina phearsa nó ina mhaoin. Má tá sé réidh le maithiúnas a thabhairt do gach duine a rinne éagóir air, maille le rún gan díobháil a dhéanamh dó. Is díol spéise go n-admhaíonn Mac Aingil gur ceadmhach don aithríoch fírinneach breith cheart an dlí a bhaint díobh siúd a rinne éagóir air fad is nach mbíonn rún díoltais aige. Má tá sé ullamh chun síocracha an pheaca a sheachaint agus má tá doilíos air faoi gan doilíos a bheith air.

Ansin míníonn an t-údar conas is cóir don pheacach é féin a mhúscailt chun aithrí agus doilís roimh dhul ar fhaoistin dó. Beidh an t-ullmhúchán meabhrach seo gearr nó fada de réir na faoistine is mian leis an bpeacach a dhéanamh, de réir na hoifige agus an chúraim atá air, agus de réir an spáis ó rinne sé faoistin faoi dheireadh.

Más faoistin bheatha atá i gceist ag duine nach dtaithíonn an tsacraimint go minic, ba chóir ocht lá a chaitheamh i mbun ullmhúcháin agus idir uair agus dhá uair in aghaidh an lae a chaitheamh ag tabhairt na bpeacaí chun cuimhne. Má tá oifig phoiblí ag an bpeacach, idir spioradálta agus theamparálta, ba chóir dó níos mó ama a chaitheamh fós á réiteach féin.

Más faoistin bhliana atá i gceist ba chóir don pheacach dhá lá nó trí a chaitheamh ar an réiteach, idir uair agus dhá uair in aghaidh an lae chun na peacaí a thabhairt chun cuimhne. Deir Mac Aingil gur beag leis an t-achar sin, cé nach n-iarrfadh sé níos mó ar lucht saothair a thuilleann a mbeatha le hallas a ngruanna ná ar dhaoine simplí. Aitheanta Dé agus na hEaglaise an gléas cuimhnithe is fearr, agus is fianaise an ráiteas seo ar cheann de na hathruithe móra a tháinig chun cinn de bharr Chomhchomhairle Thrionta: gur easáitigh na deich n-aitheanta na seacht bpeaca mharfacha mar an gléas ba choitianta san Eoraip chun traidisiún na móráltachta a bhuanú.[23]

Is mór an chabhair freisin má smaoiníonn an t-aithríoch ar an áit a raibh sé, an comhluadar a bhí leis agus an gnó a bhí ar bun aige. Ach uair amháin eile tagann cúram tréadach údar an *Scátháin* chun cinn nuair a chomhairlíonn sé don pheacach gan a bheith buartha faoi na peacaí nach féidir leis a thabhairt chun cuimhne:

> Ní fhuil fonn ar Dhia ar ndamnúghadh, achd as mian leis ar slánúghadh uile, 7 tug nádúir dhearmadach dhúinn lé nách éidir iomad neitheadh do tharrang dochum coimhne gan dearmad do dhéanamh de chuid éigin díobh (línte 1799-1803).

Cuireann Mac Aingil críoch leis an gcéad roinn den saothar trí achoimhre a dhéanamh ar a bhfuil ráite aige go dtí sin: gur tríd an aithrí amháin is féidir le duine an t-olc síoraí atá ann a sheachaint. Gur chóir dó gráin agus fuath do na peacaí a mhúscailt tar éis iad a

23. John Bossy, *Christianity in the West 1400-1700* (Oxford, 1985), 38.

thabhairt chun cuimhne. Gur chóir don aithríoch a mbíonn go fiú dioltuirse aige dul ar fhaoistin toisc gur daingniú agus séala í an tsacraimint ar an bpardún atá faighte aige. Agus i gcás an pheacaigh nach bhfuil aige ach aithrí neamhláidir, tabharfaidh an fhaoistin féin an pardún uaithi agus í féin is séala air.

Don fhaoistin

Is leis an bhfaoistin féin a bhaineann an dara roinn agus tar éis tagairt a dhéanamh do bhriathra Íosa i soiscéal Eoin (20:22-23): 'glacaigí an spiorad Naomh. Na daoine a maithfidh sibh a bpeacaí dóibh, beidh siad maite dóibh; na daoine a gcoinneoidh sibh a bpeacaí, beidh a bpeacaí coinnithe', deireann Mac Aingil na briathra seo a leanas:

> Thuig ar naomhmháthair an eaglas go bhfuil ríamh de riach-danas ar an uile Chríosduidhe ó dhligheadh Dé faoisidin iomlán a pheacadh marbhtha do dhénamh; or as ionann cumas sgaoilte 7 ceanguil peacadh do thabhairt do na sagart-uibh tig ar lorg na n-apstol 7 atá fá bhiocáire Chríost 7 breitheamhuin do dhénamh dhíobh os cionn na bpeacach dochum a sgaoilti nó a neamhsgaoilte óna bpeacadhuibh 7 dochum péine dlisdeanuighe do chor orra mar lóirghníomh ar a son. (línte 1902-1910)

Déanann Mac Aingil tagairt shainiúil do Thrionta nuair a deir sé gur follas nach féidir le sagairt breith scaoilte nó ceangailte a thabh-airt ar na peacaí gan fios na cúise a fháil ar dtús agus gur follas mar an gcéanna nach féidir dóibh pian ná leorghníomh cothrom a chur ar na peacaí gna fios a gcáilíochtaí a fháil. Macalla é seo ar fhor-ógra na comhchomhairle, Seisiún XIV, Caibidil v:

> Constat enim, sacerdotes iudicium hoc incognita causa exercere non potuisse, neque aequitatem quidem illos in poenis iniungendis servare potuisse, si in genere dumtaxat, et non potius in specie ac singillatim sua ipsi peccata declarassent.[24]

Is breitheamh é an sagart ar pheacaí a scaoileadh agus is é an peacach a dhéanann an agairt air féin. Tá sé d'iachall ar gach

24. Denziger, 1679.

Críostaí a pheacaí marfacha go léir a chur i bhfaoistin don sagart a bhfuil udarás chun a scaoilte aige. Tugann Mac Aingil sainmhíniú ar cad is faoistin ann sna briathra seo a leanas:

As é as faoisidin ann gearán tuirseach do-ní an peacach air féin fána pheacadhuibh leis an sagart 'gá bhfuil úghdarrdhás dochum a sgaoilte uatha maille dóigh absoloid agas maitheamhnus d'fhagháil ionnta (línte 1930-1933).

Ansin tugann an Proinsiasach sainmhíniú ar gach aon cheann de téarmaí atá le fáil san abairt thuas agus déanann sé codarsnacht idir ceartiompar an pheacaigh san fhaoistin agus iompar abhcóide nó prócadóra a dhéanann gearán go lucháireach ar son a gcliant. Déanann Mac Aingil tagairt ar leith do chúram an pheacaigh labhairt ar a pheacaí féin amháin agus cloí leis an ábhar gan bacadh le mionsonraí gan aird nó peacaí daoine eile. Luann sé gurbh éigean dó féin go minic níos mó ná leathuair an chloig a chaitheamh ag éisteacht le haithríoch nach raibh ar bun aige ach scéalaíocht, rud a thagann leis an bhfianaise atá againn faoi nós imeachta na n-aithríoch san fhaoistin ar fud na hEorpa ag deireadh na meánaoise.[25] Siúd is gur chaith Mac Aingil a shaol tréadach ar fad ar an Mórroinn is fiú a lua gur léir do David Rothe sa bhliain 1614 gur nós leis na hÉireannaigh peacaí daoine eile a insint san fhaoistin nuair a chuir sé an fhainic seo a leanas orthu, et aliorum peccata nullatenus prodeant.[26] Má théann an peacach chun leadráin is baolach go ndéanfaidh sé dearmad ar a pheacaí féin, go gcuirfear bac ar an doilíos, agus nach mbeidh am ag an sagart daoine eile a éisteacht. Ar an ábhar sin is iomchuí don pheacach a chuid peacaí a rá amach go gonta soiléir ionas nach ndéanfaidh sé díobháil dó féin, don oide faoistine agus dá chomharsa.

Maidir le peacaí a insint don sagart ach go háirithe, is féidir leas spioradálta a fháil trí pheacaí a admháil le tuata diaga ach ní sacraimint a leithéid. Chun sacraimint a dhéanamh den fhaoistin ní mór absalóid a fháil ón sagart. Ní leor duine a bheith ina shagart amháin gan an t-údarás cuí a bheith aige chun peacaí a mhaitheamh. Faoi mar nach bhfoghnann breith nach dtugann ach breitheamh dlisteanach, mar an gcéanna ní fiú dada an absalóid a thugann sagart gan udarás aige ó easpag no ó fhoinse bhailí eile.

25. Féach lch. 5 thuas agus fonóta 10.
26. Bossy, 'The Counter-Reformation and the people of Catholic Ireland', 167.

Maidir leis an gcuid dheireanach den sainmhíniú, 'maille le dóigh absolóid d'fhagháil', meabhraíonn Mac Aingil go ndearna Iúdás a pheaca a admháil do na sagairt, ach nár fhoghain an admháil faic toisc nach raibh dóchas aige go maithfí dó.

Tar éis dó déileáil leis an bhfaoistin go ginearálta, díríonn Mac Aingil le gnéithe ar leith den tsacraimint agus tosaíonn sé leis an scrúdú coinsiasa. Más féidir breathnú ar an bhfaoistin mar phurgóid uasal spioradálta chun fáil réidh le lionnta truaillithe an anama, is féidir breathnú ar an scrúdú coinsiasa mar shíoróip nach mór a thógáil roimh an bpurgóid. Déantar peacaí ar thrí mhodh, le smaointe, le briathra agus le gníomhartha. Ní mór iad a leigheas leis an modhanna céanna ach ar bhealach contrártha, smaoineamh go géar ar cén chaoi a ndearnadh na peacaí i smaoineamh, i mbriathar agus i ngníomh, iad a admháil san fhaoistin (briathar) agus ansin leorghníomh a dhéanamh ar a son (gníomh). Ní foláir freisin gné an pheaca a chur san áireamh, cé mhéid uaireanta agus na haicídí a mhéadaíonn mailís an pheaca. Is gá am a chaitheamh ar an ngnó seo agus cé nach féidir riail chinnte a leagan síos is inmholta an dícheall céanna a chaitheamh air is a chaithfí ag ullmhú do ghnóthaí saolta.[27]

Ní mór an meas atá ag Mac Aingil ar an bpeacach nach n-abrann dada san fhaoistin ach a fhágann faoin sagart é a cheistiú faoi gach aon pheaca ar leith. Luann an Proinsiasach 'an bhean bheag mhínáireach' ar líofa a teanga ná teanga na bhfilí nuair a bhíonn trácht ar nithe neamhghlana, ar dhíomhaointeas nó ar shuirí ach

27. Díol spéise cáineadh srianta Mhic Aingil a chur i gcodarsnacht le briathra diomúcha Christophe Sauvageon, sagart paróiste Sennely sa Fhrainc thart ar an mbliain 1700: Il y a une déplorable coutume invétérée dans cette paroisse de se présenter à confesse sans aucune préparation. On s'en approche sans avoir fait aucun examen de conscience: on se jette, on se précipite dans le confessional, on se bat presque pour y entrer les premiers, et, lorsqu'on est aux pieds du prêtre, on ne fait pas seulement le signe de la croix si on n'en est pas averti, on ne se souvient presque jamais du temps de sa dernière confession, on n'a point accompli le plus souvent sa dernière penitence, on n'a rien fait, on ne s'accuse de rien, on rit, on conte sa misère et sa pauvreté, on s'excuse, on plaide sa cause lorsque le prêtre reproche quelque péché qu'il a vu faire, on blâme son prochain, on accuse tout le monde en se justifiant soi-même, en un mot on fait tout dans le confessional excepté ce qu'on y doit faire, qui est de déclarer tous ses péchés avec douleur et sincérité; on y soutient le mal comme bien, on y pallie ses fautes, on conte tout bas entre ses dents ses gros péchés de peur que le prêtre ne les entende, c'est-à-dire qu'on essaie à se tromper soi-même en le voulant tromper; et il est certain qu'il y a très peu de bonnes confessions, surtout de la part de ceux dont la vie n'est pas chrétienne et régulière (Philippe Ariès et George Duby, *Histoire de la vie privée*, Vol. III, *De la Renaissance aux Lumières* (Editions du Seuil, 1985, 1999), 84.

nach féidir léi dada a rá san fhaoistin ach iarraidh ar an sagart rud ar bith is áil leis a fhiafraí di. Mar a chéile go minic iompar an chearrbhaigh agus an cheithearnaigh, iad glórach rábach i mbun a ngnoithe ach balbh tostach os comhair an tsagairt san fhaoistin. Is mór an trua go gcaitheann daoine i bhfad níos mó ama ag foghlaim conas peacaí a dhéanamh ach nach ndéanann siad ullmhúchán ar bith chun peacaí a chur díobh. Más namhaid an cheird nach bhfoghlaimítear, is mór an trua nach bhfoghlaimíonn daoine conas is cóir labhairt san fhaoistin go háirithe nuair nach dtéann siad ach uair sa bhliain.

Síoróip eile nach mór a thógáil roimh phurgóid na faoistine is ea an doilíos a pléadh cheana sa chéad chuid den saothar. Is í an tríú síoróip ná rún daingean láidir gan peaca a dhéanamh arís. Mura mbíonn an rún daingean seo go follas ag an bpeacach, ar a laghad ar bith bíodh sé i bhfolach san aithrí. Measann Mac Aingil gur leor sin cé nach saorfadh sé duine a mbeadh an t-am aige agus a gcuimhníonn go follasach air, ó rún speisialta a bheith aige in am na faoistine gan peacú arís. Is mar sin a thuigtear Chomh-chomhairle Thrionta agus na dochtúirí a labhraíonn ar an ábhar seo. An tréatúir a lorgaíonn maithiúnas óna phrionsa, is cinnte nach dtabharfadh an prionsa a leithéid dó dá mbeadh a fhios aige go raibh sé chun fealladh air arís. Is ionann an peacach agus tréatúir in aghaidh Dé. Fós féin bíonn daoine ann a mbíonn brón mór ortha faoina bpeacaí agus nach smaoiníonn ar an rún seo agus is cinnte go maitear a bpeacaí dóibh. Uair amháin eile feicimid cúram tréadach Mhic Aingil ag teacht chun cinn, an déine á maolú i gcónaí aige nuair a chuireann sé duine daonna san áireamh. Cé gur maith é rún daingean a bheith ag an bpeacach, ní den riachtanas é dar le mórán dochtúirí. Déan do dhícheall ach ná bí scrupallach faoi, cé gur maith ann é, áfach, agus ní cóir faillí a dheanamh ann.

Is mór an chabhair comhairle an oide faoistine chun cabhrú leis an bpeacach gan peacú arís. Mura bhfuil oide foghlamtha diaga ar fáil is cóir oide eile a lorg agus sa chás nach féidir teacht ar a leith-éid ní miste comhairle a iarraidh ar dhuine maith nach sagart é. Déanann Mac Aingil tagairt ar leith do chás iarbhír na hÉireann nuair a admhaíonn sé go bhfuil easpa daoine foghlamtha anois ar ár náisiún (línte 2254-2255). Rún eile a chabhraíonn leis an aithríoch gan peacú arís ná siocracha na bpeacaí a sheachaint, go háirithe an droch-chomhluadar. Más maith diaga an comhluadar, beimid maith diaga; más peacúil barbartha an comhluadar, glacfaimid an fhoghlaim chéanna chugainn uatha. Éire an áit is measa ar fad maidir le drochthionchar an droch-chomhluadair. Luann Mac Aingil gur nós le tiarnaí agus le huaisle na hÉireann an teach a bheith lán le muintir Ifrinn, de chearrbhaigh, de mhná siúil, de gheocaigh. Mura mbíonn pótairí ann de ghnáth nach mbeadh sa teach ach cró meathaigh agus áit gan onóir, gan mhaitheas, gan mhórdháil ach lán de chruas agus de ghortacht. Cibé sagart a thugann absalóid don té a mbíonn gártha póite, imeartha agus olc eile ina theach de ghnáth, agus ar a chumas sin a leasú dá ndéanfadh sé a dhícheall, is eagal le húdar an *Scátháin* go bhfuil sé féin i ndrocheasláinte agus nach foláir dó sagart eile a lorg lena leigheas.

Díol spéise Mac Aingil a fheiceáil ag tromaíocht chomh dian sin ar an bhféile sa sliocht seo mar díreach mí sular bhásaigh sé sa Róimh b'éigean dó freagra a thabhairt chuig Propaganda Fidei ar líomhaintí a rinneadh faoi mhíchleachtais áirithe i measc na cléire in Éireann, agus i measc na n-ord crábhaidh ach go háirithe.

Another point on which McCaghwell was asked to comment had to do with the custom of holding lavish celebrations in religious houses on the feastday of the patron of a particular foundation. These celebrations were said to be scandalizing the people and a cause of inciting the civil authorities against the Catholics. However, the custom did not particularly worry McCaghwell. He said it was usual for Catholics on the other side of the Alps to have such celebrations on the feast of the patron of the church or of the founder of a religious Order; the benefactors, those associated with the founder or related to him in some way, and the friends of the particular religious community were welcomed to the religious house to partake of a meal in celebration of the occasion. McCaghwell could well believe, however, that such a celebration would be overdone at times. He felt that in Ireland the coming together of such a great number of people annoyed the Protestants and led them to be more severe in their treatment of Catholics. Besides, local administrators were charged with negligence by their church ministers becasue they allowed Catholics to congregate so insolently and in such great numbers. McCaghwell felt, however, that there was no need to ban such festivities; it would be sufficient if the Congregation admonished the superiors of the religious in Ireland to be more careful and to celebrate feast-days in a less lavish way.[28]

Déanann Bossy tagairt d'aighneas idir na Proinsiasaigh i nDroichead Átha sna sé déag fichidí agus Viocáire Ginearálta an Deoise, Balthasar Delahoid. Ghearáin Delahoid go dtugadh caomhnóir na bProinsiasach, Donncha Ó Maonaigh, cuireadh chuig tuataí, idir fhir agus mhná, chuig féastaí sa mhainistir. D'fhreagair an Maonach gurbh í nós na tíre caitheamh go fial le gaolta an chomhluadair chrábhaidh agus le lucht tacaíochta na mainistreach agus go mba bhocht an scéal é nach bhféadfadh na mná a réitigh an bheatha bheith páirteach sa cheiliúradh. Níor thuig an Maonach cén fáth a gcuirfeadh sé an ruaig ar na mná seo nuair a bhí beirt bhan uaisle in aontíos ag Delahoid féin chun cúram an tí a riaradh. Measann Bossy nach raibh mórán tuisceana ag Delahoid ar a láidre a bhí nascanna sóisialta agus nascanna gaoil sa tsochaí Ghaelach, ach is léir nach raibh deacracht ar bith ag Mac Aingil idirdhealú a dhéanamh idir féile na bProinsiasach, dá rabairní féin í i súile na Róimhe, agus féile na dtaoiseach tuata.[29]

Tar éis d'údar an *Scátháin* plé le siocracha an pheacaí a sheachaint díríonn sé a aird ar na peacaí nach mór a chur san fhaoistin. Déanann sé idirdhealu idir peacaí marfacha nach mór a chur san fhaoistin agus peacaí sologhtha nach gá a chur san fhaoistin de bhrí go maitear iad ar mhórán bealaí gan fhaoistin. Is fiú aird a dhíriú ar an bponc seo mar ní i gcónaí a dhéanadh na lámhleabhair fhaoistine roimh an Leasuchán Creidimh idirdhealú idir an dá chineál peaca, ní áirím béim a chur ar a riachtanaí a bhí sé peacaí marfacha a chur san fhaoistin. Is léiriú maith an sampla seo ar an soiliéiriú a tháinig ar theagasc na hEaglaise i ndiaidh agus

28. Giblin, *op. cit.*, 67.
29. Bossy, 'The Counter-Reformation and the people of Catholic Ireland, 1596-1641', 165-166. Chun tuilleadh eolais a fháil ar thábhacht na féile i measc na n-uaisle Gaelacha féach Pádraig A. Breatnach, 'Moladh na féile: téama i bhfilíocht na scol agus a chúlra', in *Téamaí taighde Nua-Ghaeilge* (Maigh Nuad, 1997), 97-129. I gcaibidil eile sa saothar céanna meabhraíonn an t-údar go mb'fhéidir go raibh baint ag an dearcadh a bhí ag Aodh Mac Aingil ar chothú 'lucht siúil' leis an drogall a bhí air seasamh láidir a ghlacadh in aghaidh údaráis na bProinsiasach in Ísiltír na Spáinne nuair a chros siad ar bhráithre bochta na Lováine dul ó dhoras go doras ag iarraidh déirce gan cead scríofa a a fháil roimh ré ('Scríbhneoirí Gaeilge i Lobháin', 145-148). B'fhéidir gurb é dearcadh céanna Mhic Aingil ba chúis lena fhad a thóg sé ar Fhearghal Óg Mac an Bhaird lóistín agus dídean a fháil i measc na mbráithre sa Lováin d'ainneoin na n-achainithe a rinne ar Fhlaithrí Ó Maolchonaire ar a shon (ibid., 132-135, 148).

de bharr Chomhcomhairle Trionta.[30] Ní leor 'rinneas peaca' a rá gan
gné agus nádúr an pheaca a chur síos toisc nach féidir leis an oide
faoistine breith scaoilte nó ceangailte a chur ar an bpeacach gan an
dá phonc seo a bheith ar eolas aige. Meabhraíonn Mac Aingil gurb
iad na peacaí marfacha atá i gceist ná an méid peacaí marfacha a
gcuimhníonn tú orthu tar éis scrúdú dícheallach coinsiasa a chur ort
féin. Déanann sé tagairt shainiúil d'aithreacha Thrionta faoin bponc
seo toisc go raibh na leasaitheoirí Protastúnacha ag maíomh go
raibh admháil iomlán dodhéanta i ngeall ar olc bunúsach an duine,
agus nach gcothódh na hiarrachtaí chun teacht ar a leithéid ach
éadóchas amach is amach as trócaire Dé.[31] Bhí teagasc Thrionta ag
iarraidh teacht ar réiteach meánach idir déine na leasaitheoirí agus
réaltacht an nádúir dhaonna. Chun an pointe a dhéanamh níos
soiléire míníonn Mac Aingil nach gá ach trí pheaca mharfacha a
chur san fhaoistin mura gcuimhníonn tú ach orthu sin amháin tar
éis scrúdú dícheallach coinsiasa a dhéanamh, fiú dá mbeadh fiche
peaca déanta agat. Ní mholann sé peacaí a bhreacadh síos ar phár
ar eagla go rachadh an scríbhinn amú agus go bhféadfaí teacht
uirthi. D'ainneoin na béime ar admháil iomlán na bpeacaí, bíonn
cásanna ann nuair is féidir neamhaird a dheanamh den riachtanas
seo, mar atá, tinneas tobann a bhuaileann an t-aithríoch nó an t-oide
faoistine, an t-aithríoch a bheith ina bhalbhán nó gan cur amach
aige ar theanga an tsagairt agus gan sagart eile bheith ar fáil. I gcás
tubaistí tobanna ar nós anfa, nó ionsaí namhad nó titim tí nó tine, is
féidir leis an sagart morán a éisteacht in éineacht, cé go molann
Mac Aingil don sagart aon pheaca amháin a éisteacht ó gach duine
ina leithéid de chás.

    Díríonn an t-údar ansin ar an dream a cheileann peaca san
fhaoistin trí náire, gné den tsacraimint a bhfuil taithí phearsanta ag
gach oide faoistine uirthi, Mac Aingil féin san áireamh. Baineann
an locht seo le mná ach go háirithe, dar leis, de bhrí go bhfuil siad
náireach ó nádúr, go háirithe faoi pheacaí na colainne. Tugann sé
neart samplaí faoin bpeaca seo a chuireann an fhaoistin ó mhaith
agus a chuireann peaca breise ar anam an pheacaigh. Is iad an drúis,
ornáideacht agus breáthacht cultacha, creideamh i bpiseoga agus,
thar aon ní eile, náire a bpeacaí a chur san fhaoistin na ceithre
phríomhshlí a dtéann mná go hIfreann, dar leis an údar, agus

30. W. David Meyers, *'Poor sinning folk' confession and conscience in Counter-
Reformation Germany* (Cornell Uni. Press, Ithaca & New York), 1996), 163.
31. *ibid.*, 162-168.

insíonn sé scéal fada á léiriú seo, fírinne an scéil a dheimhniú aige nuair a deir sé gur tharla sé 'sa tír si fein i nGeilderland' (línte 2767-1768). Níl cás na hÉireann thar mholadh beirte ach an oiread. Meabhraíonn sé don pheacach faiteach nach do dhuine ach do Dhia a insíonn sé na peacaí. Meabhraíonn sé séala na faoistine chomh maith a chrosann ar an oide faoistine labhairt go brách ar aon pheaca a chloiseann sé san fhaoistin. Munar leor sin chun an peacach a chur ar a shuaimhneas molann, Mac Aingil dó dul chuig sagart nach bhfuil aithne aige air. Luann an t-udar gur minic a tháinig daoine chuige féin le peacaí a cheil siad ar a sagart paróiste de bhrí nach raibh ann ach 'duine aonuaire' nach bhfeicfidís go deo aris. Sin é an fáth gur ordaigh Trionta go rachadh sagart stróinséartha in áit an ghnáthoide faoistine faoi dhó nó faoi thrí sa bhliain chuig clochair na mban rialta. Fós féin, measann Mac Aingil go saothróidh an peacach breis luaíochta tríd an náire a fhulaingt agus dul chuig sagart a bhfuil aithne aige air.

Siúd is go labhraíonn Mac Aingil ar a thaithí thréadach féin go minic sa *Scáthán* agus gur ar phobal na hÉireann atá an leabhar dírithe, ní mór a chur san áireamh gur fhág an t-údar a thír dhúchais sa bhliain 1599, beagnach ocht mbliana déag ó thráth scríofa an leabhair, agus nár fhill sé abhaile idir an dá linn. Is ar an Mór-Roinn a fuair sé a chuid oiliúna don tsagartóireacht agus a raibh de thaithí thréadach aige. Os a choinne sin, áfach, caithfear a chur san áireamh go raibh neart deoraithe as Éirinn lonnaithe san Ísiltír Spáinneach agus go mbíodh bráithre bochta na Lováine ag feidhmiú mar shéiplínigh do reisimint Uí Néill a raibh bunáite acu in aice an Bhruiséil. Fágann sin go raibh go leor deiseanna ag Mac Aingil taithí thréadach a fháil i measc a chomhthíreach féin.

Tar éis comhairle a chur ar an aithríoch gan peacaí a cheil san fhaoistin trí náire, díríonn Mac Aingil ar an difríocht idir substaint agus aicíd an pheaca. Is ionann substaint agus nádúr an ghnímh. I gcás na gadaíochta, mar shampla, is é nádúr an ghnímh cuid duine eile a thógáil uaidh ar neamhchead dó. Baineann an aicíd, áfach, le cén cineál gadaíochta a bhí i gceist, goid bheag nó goid mhór, goid dhíobhálach nó goid neamhdhíobhálach. Tá trí chineál aicíde ann. An chéad saghas, ní bhaineann siad le hábhar sa mhéid nach méadaíonn ná nach laghdaíonn siad mailís an ghnímh. Ní dhéanann sé difríocht dá laghad do pheaca na meisce pé acu sa ló nó istoíche a bhí tú ar meisce. Ní hamháin nach gá aicíd den chineál seo a chur san fhaoistin ach b'fhearr go mór fada gan a chur. Ar an drochuair,

faraor, is nós le go leor Éireannach am a chur amú san fhaoistin ar
mhionsonraí gan aird agus faillí a dhéanamh sna sonraí tábh-
achtacha. Maidir le haicíd a laghdaíonn mailís an ghnímh ba chóir
a leithéid a chur san fhaoistin sa mhéid go bhféadfadh aicíd den
chineál seo peaca sologhtha a dhéanamh de pheaca marfach. Ach
maidir le haicíd a mhéadaíonn mailís an ghnímh, ní mór a leithéid
a chur san fhaoistin. Luann Mac Aingil cás an duine a ghoidfeadh
míle punt (cuimhnímis go bhfuil sé ag scríobh sa bhliain 1617 nuair
ba pheaca marfach coróin a ghoid nó suim níos lú fiú), sa chás sin
níor mhór an tsuim a lua.

Tar éis idirdhealú a dhéanamh idir na cineálacha éagsúla aicíde,
díríonn údar an *Scátháin* ar na seacht n-aicíd a mhéadaíonn trom-
chúis an pheaca, mar áta, an té a dhéanann an peaca (*quia*), méid an
pheaca (*quod*), an áit ina ndéantar é (*ubi*), an comhluadar lena
ndéantar é, (*quibus*) an chúis faoina ndéantar é (*cur*), an modh ar a
ndéantar é (*quo*) agus an tráth (*qua*).

I ngach aon chás tugann Mac Aingil eisiomláir den rud atá i gceist
aige. Maidir le **quis**, mar shampla, ní mar a chéile cás an tuata a
dhéanann peaca na colainne agus duine faoi mhóid gheanmnaíochta.
Ní mar a chéile ach beag cás an té a bhfuil móid shimplí tugtha aige
agus an duine a bhfuil móid shollúnta tugtha aige. Is mó an scannal
a thugann duine mór le rá a pheacaíonn go poiblí ná gnáthdhuine.

Maidir le **quid**, ní mor an tsuim airgid a lua i gcás gadaíochta
agus idirdhealú a dhéanamh idir gnáthearra agus earra coiscricthe
ar nós cailíse. I gcás ná drúise ní leor a rá gur pheacaigh tú le bean,
ní mór a shainiú cén saghas mná a bhí i gceist, pé acu bean shingil,
bean phósta, bean rialta, bean ghaoil.

Maidir le **ubi**, ní mór idirdhealú a dhéanamh idir peaca a rinn-
eadh in áit phoiblí agus in áit phríobháideach agus i gcás na drúise,
na gadaíochta agus an dúnmharaithe, méadaítear tromchúis an
pheaca más in áit choisrichte a dhéantar é.

Maidir le **quibus**, méadaítear tromchúis an pheaca má tharraing
tú daoine eile chun peaca leat nó má thug tú siocair pheaca dóibh.

Maidir le **cur**, ní mór cúis an pheaca a lua, mar shampla, goid ar
mhaithe le drúis nó drúis ar mhaithe le goid. Ach má mharaigh tú
duine ní gá gach aon bhuille ar leith a lua agus i gcás na drúise ní
gá na réamhshonraí a lua ach chomh beag, ach amháin sa chás go
ndearna tú 'iomarca neamhghnách' sna buillí nó sa ghlacaireacht
thruaillithe. Molann Mac Aingil go sainiúil don pheacach gan
fanacht i bhfad ag scrúdú peaca na colainne.

Maidir le **quo**, má dhéanann tú drúis nó goid trí éigean is cóir an modh a lua de bhrí go méadaíonn sé an peaca.

Maidir le **qua**, dá mbrisfeá móid a thug tú chun troscadh a dhéanamh ar Aointe an Carghais, ba chóir an tráth a lua san fhaoistin. Measann Mac Aingil gurbh inmholta tráthanna saoire eaglasta a lua freisin, ach gan iachall a bheith ar dhuine a leithéid a dhéanamh.

Agus na haicídí pléite go mion aige, díríonn údar an *Scátháin* ar lucht an ainbheasa agus is iad na deich n-aitheanta agus cúig aitheanta na heaglaise an bealach is fearr, dar leis, chun cabhrú leo a gcuid peacaí a aithint agus a thabhairt chun cuimhne. Mar a dúradh thuas d'easáitigh na deich n-aitheanta na seacht bpeaca mharfacha mar ghléas caiticéise don mhoráltacht agus bhí baint mhór ag an Leasúchán Creidimh Caitliceach leis an athrú seo a bhuanú.[32] Díol spéise, mar shampla, tráchtas ar na deich n-aitheanta a bheith ina dhlúthchuid den chéad saothar reiligiúnda a d'fhoilsigh bráithre bochta na hÉireann sa Lováin, *Teagasc Críostaí Bhonabhentura Uí Eoghasa*,[33] saothar a bhí faoi mhórchomaoin ag Peadar Canisius, *Summa doctrina christianae* (1555) agus go háirithe ag Roibeard Bellarminus, *Dichiarizione più copiosa della dottrina cristiana* (1598). Díol spéise chomh maith gur bhain Ó hEoghasa leas as an oilíuint agus as an taithí a bhí faighte aige mar fhile gairmiúil chun achoimre fhileata ar fhírinní an chreidimh a chur mar réamhrá do gach aon roinn den teagasc críostaí. Is cosúil gur sa chúigiú haois déag a tosaíodh ar leaganacha fileata den teagasc críostaí agus de na deich n-aitheanta a réiteach do dheoisí na hEorpa. Sampla fíorspéisiúil den nós is ea an *Catechisme ou instruction chrétienne pour le diocese de Sens* a foilsíodh sa bhliain 1669 agus bhfuil *Catechisme en vers* ceangailte isteach ann.[34] Áis bhreá don chuimhne ab ea na leaganacha fileata seo, ar ndóigh, go háirithe nuair ab éigean fírinní an reiligiúin a mhúineadh do phobal neamhliteartha. Is fiú a mheabhrú go dtugann Mac Aingil leaganacha fileata Uí Eoghasa de na deich n-aitheanta agus de chúig aithne na heaglaise sula ngabhann sé i mbun a thráchtaireachta féin, agus is méala mór leis gur bhásaigh Ó hEoghusa chomh hóg sin nuair nach raibh sé ach i dtús a shaothar a chur i gcló.

32. John Bossy, 'Moral arithmetic: seven sins into ten commandments', in Edmund Leites (eag.) *Conscience and casuistry in early Modern Europe* (Cambridge, 1988), 213-234.
33. *An Teagasg Críosdaidhe*, Bonabhentura Ó hEodhasa, O.F.M. a chum, Fearghal Mac Raghnaill, O.F.M. a chuir in eagar (Baile Átha Cliath, 1976).
34. *ibid.*, ix.

Ní mór don aithríoch na deich n-aitheanta a chur de ghlan-
mheabhair agus leas a bhaint astu mar scrúdú coinsiasa agus é ag
ullmhú don fhaoistin. Maidir le duine a bhfuil faoistin bheatha á
déanamh aige nó duine a bhfuil coinsias an-scrupallach aige,
molann Mac Aingil dó a pheacaí a scríobh síos má tá scríobh aige.
Díol suntais an t-idirdhealú follasach seo idir daoine liteartha agus
daoine neamhliteartha. Díol suntais chomh maith go dtagann an
chomhairle seo salach amach is amach ar chaibidil 6 den roinn
chéanna seo nuair a dúirt sé gurbh fhearr gan peacaí a scríobh síos
ar eagal go rachadh an scríbhinn amú agus go dtiocfaí uirthi (féach
lch. 48 thuas). I dteannta aitheanta Dé agus na hEaglaise,
meabhraíonn an t-údar nach mór don fhíréan aitheanta dlisteanacha
an phrionsa thuata a chomhlíonadh chomh maith ach nár chóir dó
umhlú d'aitheanta neamhdhlisteanacha an údaráis shibhialta.
Díríonn Mac Aingil go sainiúil ar chúinsí comhaimseartha
Chaitlicigh na hÉireann anseo agus samplaí soiléire d'aitheanta
neamhdhlisteanacha á mbeachtú aige. Má ordaíonn an t-uachtarán
tuata duit gan na sacraimintí a thaithiú, gan seanmóir a éisteacht,
gan faoistin ná comaoin a dhéanamh; má ordaíonn sé duit freastal
ar sheirbhís eiriciúil nó dul ag éisteacht seanmóir eiriciúil, má
ordaíonn sé duit na teampaill a bhriseadh agus na híomhánna a
mhaslú: 'meas gurab aitheanta neimhdhlisdionacha iad so atá a
n-aghuidh Dé nó na heaguilsi 7 go bhfuil d'fhiachuibh ort gan
umhla do thabhairt dhóibh' (línte 3177-3179).
    Ach tar éis an méid sin a chur de, deireann Mac Aingil go gcloí-
fidh sé féin le haitheanta Dé agus na heaglaise, toisc gur 'agat féin,
cibé thú, is fearr fios d'uachtarán tuata agus na n-aitheanta dlist-
eanacha a chuireann siad ort' (línte 3187-3188). Ba dhóigh le duine
go bhfuil an Proinsiasach tar éis éirí cúthail ag an bpointe seo.
Tharlódh, áfach, gur d'aon ughaim a sheachnaíonn sé tuilleadh
beachtaíochta a dhéanamh ar na huactaráin thuata in Éirinn ar eagla
go mbreathnófaí ar an Scáthán mar fhoilseachán treascrach a chuir-
feadh beatha an té a mbeadh sé ina sheilbh aige i gcontúirt. Ní mé
ach an oiread an bhfuil idirdhealú an-soiléir á dhéanamh ag Mac
Aingil anseo idir an prionsa tuata agus an t-uachtarán tuata sa
mhéid gurb é an focal uachtarán a mbaineann sé leas as agus na
haitheanta neamhdhlisteanach in aghaidh an chreidimh Chaitlicigh
á lua aige. Líomhaintí ar bith atá á ndeanamh ag Mac Aingil, is in
aghaidh fheidhmeannaigh an rí a dhéanann sé iad agus ní in
aghaidh an rí féin. Áitím in alt eile go bhfuil toise polaitíochta ag

an *Scáthán* agus gurb é is mó atá ag dó na geirbe ag Aodh Mac Aingil sa chuid dheireanach den saothar, an mhír a phléann le loghanna, ná teacht ar réiteach a cheadódh do Chaitlicigh na hÉireann glacadh le Séamas I mar rí dlisteanach i gcursaí sibhialta.[35] Agus réiteach den chineál sin á lorg aige, d'fheilfeadh sé cás Mhic Aingil gníomhaíocht fhrith-Chaitliceach na n-údarás a chur síos d'fheidhmeannaigh an rí agus ní don rí féin.

Déantar na deich n-aitheanta féin a roinnt ina ndá chlár: ar an gcéad chlár tá trí aithne a bhaineann le honóir agus le grá Dé, ar an dara clár seacht n-aithne a bhaineann le grá na gcomharsana. Fiú amháin anseo ní féidir bagairt na n-aighneas reiligiúnda a sheachaint mar is léir ó roinnt de na ceisteanna. Ar thaispeáin tú fabhar nó claonadh d'eiriceach? An ndeachaigh tú chuig seirbhís nó chuig seanmóir eiriciúil? Ar léigh tú leabair eiriciúla nó an bhfuil siad agat gan chead?

Díol suime roinnt de na peacaí a luaitear faoin gcéad aithne, adhair an t-aon Dia fírinneach agus ná hadhair déithe bréige. An ndearna tú piseoga nó geasadóireacht? Ar chreid tú in aislingí, i ndearnadóireacht nó i néalladóireacht? Nuair a thagann an t–údar chuig an gceathrú haithne fiafraítear den pheacach: ar mhúin tú an teagasc críostaí do do chlann? Nuair a chuirtear san áireamh gur nós le Séantaigh (Recusants) Shasana fírinní an chreidimh a mhúineadh ní hamháin dá gclann ach dá searbhóntaí chomh maith agus leabhar ar fáil acu chun cabhrú leo an aidhm seo a chur i gcrích, b'fhéidir go dtugann sé seo leide dúinn faoin gcineál léitheoirí ar a raibh an *Scáthán* dírithe. Pléifear an cheist seo níos faide anonn.

Díol spéise gurb í an mhír faoin séú haithne agus faoin drúis an mhír is giorra ar fad, deich líne san iomlán, i gcodarsancht leis an dá leathanach nach mór atá ag Ó hEoghasa. Mar an gcéanna ní chaitheann Mac Aingil ach sé líne ar an naoú agus ar an deichiú haithne, á léiriú mar mhíniú ar an séú agus ar an seachtú haithne faoi seach. Caitheann Ó hEoghusa ar an lámh eile beagnach dhá leathanach ar an dá aithne seo. Ní mar a chéile an cur chuige atá ag Ó hEoghasa agus Mac Aingil maidir leis na haitheanta. Déanann an chéad duine plé agus trácht ar na peacaí a chrosann gach aon aithne ar leith, fad is gur i bhfoirm féincheistiúcháin a chaitheann an dara húdar leo, scrúdú coinsiasa chun na peacaí a thabhairt chun cuimhne sula gcuirtear san fhaoistin iad. Údar suntais chomh maith

35. Mac Craith, *op. cit.*

an bhéim a chuireann Mac Aingil ar chúrsaí cearrbhachais faoin seachtú haithne. Ar rug tú an bua le cartaí gearrtha, le dísle meallta, nó le comharthaí sóirt? Ar rug tú an bua ar chearrbhach ainbhiosach agus tú féin id' fhíorchearrbhach?

Tar éis dó dul trí na haitheanta ar fad, idir aitheanta Dé agus aitheanta na hEaglaise, meabhraíonn Mac Aingil go bhfuil an cineál seo scrúdaithe inmhianaithe d'fhaoistin bheatha nó d'fhaoistin bhliana. Maidir leis an dream a thaithíonn sacraimint na haithrí go minic, ní gá dóibh siúl trí na haitheanta ar an modh seo toisc go gcuimhníonn siad ar a bpeacaí gan mórán saothair. Fós féin is iomchuí an bealach seo a chleachtadh nuair a bhíonn faoistin ghinearálta nó bheatha á déanamh tráth na bhféilte móra. Nuair atá na réamhchéimeanna ar fad curtha de aige, tá an t-aithríoch réidh lena pheacaí a admháil don sagart agus é ina shuí sa 'cathhaoir bhreithiúnais'. Tugann Mac Aingil leagan Gaeilge den *Confiteor* mar gur fearr a chothóidh paidir a thuigeann an peacach spiorad na deabhóide ann ná leagan Laidine nach dtuigeann sé. Luann an t-aithríoch a chuid peacaí tar éis an chéad leatha den Confiteor agus chomh luath is atá sé sin thart leanann an peacach ar aghaidh leis an dara leath den phaidir. Níl an treoir seo, déanta na fírinne, ag teacht go beacht leis an méid a deirtear sa *Rituale Romanum* (1614) mar a gcomhairlítear don aithríoch a pheacaí a rá tar éis an *Confiteor* :

> Tum poenitens confessionem generalem Latina, vel vulgari lingua dicat, scilicet, Confiteor etc. vel saltem utatur his verbis: Confiteor Deo omnipotenti, et tibi pater. Peccata sua exinde confiteatur, adiuvante quotiescumque opus fuerit, Sacerdote.

Mar chríoch leis an dara roinn den *Scáthán* molann Mac Aingil don aithríoch aire a thabhairt do chomhairle an tsagairt agus don bhreith aithrí a chuireann sé air.

Don leorghníomh

Sa chéad roinn eile díríonn údar an *Scátháin* ar ghníomh deireanach an pheacaigh san fhaoistin, an leorghníomh. Nuair a mhaitear peaca marfach maitear an phian shíoraí a ghabhann leis ach fágtar pian eile, pian aimseartha, ina háit nach mór a dhíol ar an saol seo nó i bpurgadóir. Is é is leorghníomh ann ná an phian aimseartha seo a dhíol le dea-oibreacha. Má fhágtar gan díol í go purgadóir, ní leorghníomh (*satisfactio*) a thuilleadh é ach leorfhulang (*satispassio*). De bhrí nach féidir dada a bhaint de Dhia, ní féidir aisíoc a a dhéanamh leis ach is féidir leorghníomh a thabhairt dó. Is mór idir an leorghníomh a chuireann an t-oide faoistine ort ná an leorghníomh a dhéanann tú uait féin de bhrí go méadaíonn cumhacht na n-eochracha a d'fhág Críost ar láimh an tsagairt luach an ghnímh ann féin. Tá an diagairí go comhchoitianta ar aon intinn faoi seo agus tá sé le baint as teagasc Thrionta chomh maith. Tá dualgas ar an sagart breith aithrí a chur ar an bpeacach agus tá dualgas ar an bpeacach mar an gcéanna glacadh léi. Ní cóir don sagart absalóid a thabhairt, déanta na fírinne, má cheapann sé nach bhfuil an peacach sásta glacadh léi. I bponc báis, áfach, agus i gcás duine le go leor deaghníomhartha gan mórán peacaí, ní gá an bhreith aithrí a chur air. Troscadh, urnaí agus déirc na príomhchineálacha dea-oibreacha a dhéantar mar leorghníomh i bpeaca. Is féidir gach saghas cruatain a imríonn duine ar a chorp in íoc a pheacaí a áireamh mar throscadh, mar atá, oilithreacht, crualeaba, sciúrsáil, gorta agus fadúiseacht. Baineann oibreacha uile na trócaire, idir chorpartha gus spioradálta, leis an déirc, agus tugtar cúig véarsa ó *Theagasc Críostaí Uí Eoghasa* mar léiriú air seo. Leigheas é an troscadh ar pheacaí in aghaidh an duine féin, leigheas é an t-urnaí ar pheacaí in aghaidh Dé, agus leigheas í an déirc ar pheacaí in aghaidh na comharsan. De bhrí gur chóir an leorghníomh bheith contrártha don pheaca, cuirtear déirc ar fhear na sainte, troscadh ar fhear na drúise agus urnaithe ar fhear an uabhair. Is iad na loghanna an tslí is giorra chun leorghníomh a fháil ach ní cóir dea-oibreacha a ligean i ndearmad. Baineann coinníollacha áirithe le loghanna a fháil agus ní dhéanann siad ach na fiacha atá orainn a íoc. Maidir le dea-oibreacha, áfach, ní hamháin go n-íocannn said na fiacha atá orainn ach méadaíonn siad an grásta le cois. Is é an tAifreann, ar ndóigh, an leorghníomh is fearr ar fad.

Ní cóir fanacht go Purgadóir chun na pianta aimseartha a íoc de bhrí gur nimhní go mór fada pianta Purgadóra ná pianta saolta ar bith.

Insíonn Mac Aingil go leor sceálta samplacha chun cur lena theagasc agus is díol spéise ceann amháin acu seo sa mhéid go bhfuil tagairt ann don 'Misereatur, 7c,', .i. orrtha as gnáth so rádh san absalóid (líne 3873). Sa *Rituale Romanum* sa bhliain 1614 a ceanglaíodh an phaidir seo ar an sagart díreach roimh an absalóid mar chuid de dheasghnáth na faoistine agus is breá an sampla an tagairt fhánach seo ar chomh freacnairceach is a bhí Mac Aingil ina chuid scríbhneoireachta.[36] Tar éis samplaí a thógáil ó bheathaí na naomh i gcoitinne, díríonn an Proinsiasach aird go sonrach ar naoimh na hÉireann féin, Pádraig Naofa ach go háirithe, nach raibh a shárú le fáil maidir le troscadh agus urnaí. Luaitear roinnt áiteanna a raibh ceangal ar leith ag Pádraig leo, Dún Pádraig, Cruach Phádraig, Sabhall, Sruthuille agus thar aon áit eile Loch Dearg. D'iarr Pádraig purgadóir speisialta ar Dhia dó féin agus dá chlann ar Loch Dearg le go bhféadfaidís purgadóir na tíre thall a sheachaint, aisce nach bhfuair naomh ná ban-naomh eile riamh roimhe ná ina dhiaidh. De bharr chumhacht an chlaoinchreidimh, faraor, ní féidir na háiteanna seo a chleachtadh níos mó, Loch Dearg ach go háirithe, agus impíonn Mac Aingil ar Dhia an bac seo a chur ar ceal agus ná daoine atá freagrach as an toirmeasc a tharraingt ar ais chuig an bhfíorchreideamh.

Dá ndúthrachtaí iad naoimh na hÉireann maidir le troscadh agus urnaí, ní dhearna siad faillí sa déirc ach an oiread. Na naoimh a bhí beo bocht, ní fhéadfadh siad teacht i gcabhair ar dhuine le déirc chorpartha ach bhí an déirc spioradálta i gcónaí ar a gcumas, déirc ar tábhachtaí go mór fada í ná an deirc chorpartha. Maidir leis na naoimh úd a raibh maoin an tsaoil acu, bhí siad sin ar fheabhas ag freastal ar an dá chineál déirce. Ach ní mór idirdhealú a dhéanamh idir an déirc chorpartha agus an ní ar a dtugtar *daonnacht* i sochaí na nGael:

gidheadh, an ní dá ngoirthí daondachd aguinni go ttrásda, .i. biadh, airgiod, 7 édach, do thabhairt do chearrbhachuibh, do mhnáibh siubhail, do ghéocachuibh, do chleasuidhibh, 's do luchd díomhaoinis, ní dhéindis é ar énchor, 7 ní daonnachd a dhénamh achd diabhluidheachd dheimhin (línte 4217-4221).

Is mór an éagóir ar Cholm Cille a rá go mbíodh sé fial leis na dreamanna thuasluaite. Níor smaoinigh óglach dílis Dé ar lucht leanúna Lucifer a chumhdach ina n-oilc. Is cinnte go raibh cáil na féile tuillte aige ach is i ngeall ar a fhéile le bochtáin Dé agus ní leis na dronganna thuasluaite a thabhaigh sé an teist sin. Níl aon amhras ach go bhfuil Mac Aingil ag bréagnú na tuisceana traidisiúnta anseo gurbh é Colm Cille a thug cothú saor ó chostas don aos siúil i

36. *Rituale Romanum*, 57; James Dallen, *op. cit.*, 177-178.

gcónaí riamh, ach b'fhéidir go raibh cúis in aice láimhe ag an údar chun an traidisiún a chur as a riocht. Más fíor go raibh drogall ar Mhac Aingil lóistín saor in aisce a thabhairt don fhile Fearghal Óg Mac an Bhaird i gColáiste San Antaine sa Lováin thart ar an am a raibh an *Scáthán* a scríobh aige, níorbh iontas ar bith é go bhfágfadh an eachtra sin a rian ar chumadóireacht an tsaothair, go háirithe dá mbeadh Mac an Bhaird tar éis sampla Cholm Cille a lua mar fhasach chun cur lena iarratas, rud nárbh éadóigh ó bhall d'aos dána Chlann Dálaigh.[37]

Agus a racht faoi Cholm Cille scaoilte aige, filleann Mac Aingil ar an bponc atá faoi chaibidil aige, a fheabhas a shaothraigh naoimh mhóra na hÉireann an leorghníomh. Agus de bhrí nach raibh feidhm acu féin leis an gcuid is mó dó i ngeall ar ghlaine a mbeatha, d'ofráil siad barr a leorghníomhartha ar son a gclainne. Ar an ábhar sin níor chóir do na hÉireannaigh lorg shaoibhchléir an chreidimh fhallsa a leanúint i ngné seo an leorghnímh. Is naimhde iad do shacraimint na haithrí agus ní háil leo lua ar leorghníomh. Má tá an ceart ag cléir an chreidimh nua, is amadáin iad Pádraig, Colm Cille, Bríd agus naoimh uile na hÉireann. Ní hamháin sin, má tá an ceart ag an tsaoibhchléir is amadáin iad naoimh an domhain uile a chráigh a gcoirp, go fiú Muire agus Íosa san áireamh. Is mór idir iompar na naoimhchléire agus iompar na saoibhchléire, bianna bochta agus troscadh fada ag an gcéad dream, bianna blasta, féastaí agus comhól ag an dara dream. Seo ceann de na sleachta is suntasaí sa *Scáthán* ar fad maidir le binb agus nimhneacht an ionsaithe ar an Leasúchán Creidimh Protastúnach, agus sáiteáin á dtabhairt ag Mac Aingil do léann lofa Lúitéir agus camchiall Chailbhin, suipéar salach Chailbhin chollaigh á chur i gcodarsnacht aige le híobairt Uan Dé san aifreann. Luann údar an *Scátháin* rann as dán cáiliúil Eoghain Uí Dhubhthaigh, *Léig dod chomórtas dúinn* mar thacaíocht lena argóint agus tagrann sé do na héachtaí a rinne a *confrère* ag seanmóireacht an tsoiscéil agus ag cogaíocht le 'luchd leanta Lusifeir'.

Is cosúil go n-imíonn Mac Aingil ar seachrán roinnt ó éirim na hargóna chomh luath agus a luann sé leorghníomhartha mórnaomh na hÉireann. Ba leor na háiteanna a luaitear le Pádraig Naofa a tharraingt isteach sa phlé chun méid an dochair atá déanta ag an Leasúchán Creidimh Protastúnach do chreideamh traidisiúnta na hÉireann a mheabhrú dó, agus braitheann an léitheoir gur tábhachtaí

37. Féach nóta 21 thuas.

go mór fada leis aghaidh a chraois a thabhairt ar na leasaitheoirí ná beachtú críochnúil a dhéanamh ar an leorghníomh. Fós féin, sa mhéid go bhfógraíonn sé ar deireadh go ngabhann sé féin le Pádraig, tá dearbhú fíorthábhachtach á dhéanamh ag Mac Aingil gurb ionann an creideamh a thóg Pádraig leis go hÉirinn agus an creideamh céanna a bhí sainmhínithe ag Comhchomhairle Thrionta. Is í an bhéim seo ar an leanúnachas agus ar an gcéannacht, gan aird a thabhairt ar fhorbairtí teagaisc agus cleachtais, an straitéis is suntasaí a ghabh Proinsiasaigh na Lováine chucu féin chun an Leasúchán Creidimh Caitliceach a chur chun cinn in Éirinn. Díol spéise na haidiachtaí a mbaineann Mac Aingil leas astu agus é ag caint ar an gcléir Phrotastúnach. Mar a chéile 'nua-' agus 'cam-', 'claon-', 'daor-', 'gall-', 'saobh-', 'tuath-'; agus i gcodarsnacht leis an nuaichléir faighimid an naoimhchléir agus an tsaoirchléir, daoine a chleachtann agus a theagascann an creideamh ceanann céanna a rug Pádraig leis go hÉirinn, aicme ar ball díobh Aodh Mac Aingil féin. De bhrí go bhfuil Eoghan Ó Dubhthaigh luaite go sonrach ag an údar thuas, tharlódh go raibh dán eile leis an bhfile céanna i gcúl a chloigeann ag Mac Aingil agus é ag fógairt go neamhbhalbh go seasfadh sé le Pádraig, *A Bhanbha is truagh do chor*:[38]

Ná bíodh ré sluagh deamhan slim,
olc a gcinn chum catha do chlódh:
Caiptín Lúitéar is beag neart
's caiptín Cailbhín nac ceart glór.

Pádraig do ghénerál féin;
is líor é dhá chur i ndíoth;
cros Chríost do bhur gcosnamh in am
biaidh neart céad 's gach duine dhíobh ...[39]

Ar éigean a d'fhéadfaí sampla ní b'fhearr ná sin a fháil de mhíleatachas an Leasúcháin Chreidimh Chaitlicigh, agus féach go

38. Féach Bernadette Cunningham, 'The culture and ideology of Irish Franciscan historians at Louvain 1607-1650' in Ciarán Brady (eag.), *Ideology and the historians, Historical Studies XVII* (Dublin, 1991), 11-30. Maidir leis an leas a bhain leasaitheoirí Caitliceacha, idir Ghaeil agus Sean-Ghaill, agus leasaitheoirí Protastúnacha araon as Naomh Pádraig chun a n-aidhmeanna féin a chur chun cinn, féach Bernadette Cunningham and Raymond Gillespie, ' "The most adaptable of saints": the cult of St. Patrick in the seventeenth century', *Archivium Hibernicum* XLIX (1995), 82-104.
39. Breandán Ó Buachalla, *Aisling ghéar* (Baile Átha Cliath, 1997), 33.

dtagrann Mac Aingil don Dubhthach go sainiúil mar dhuine 'do thogh Dia do theagasg 7 do sheanmóir a shoisgéoil 's do dhénamh cogaidh ré luchd leanta Lusifer, na peacuigh' (línte 4.316-4,317).

Don absalóid

Is leis an bpeacach a bhaineann an tuirse, an admháil agus an leorghníomh, ach is í absalóid an tsagairt an chuid is tábhachtaí den aithrí toisc go n-iomláineann sé gníomartha an pheacaigh. Tugann Mac Aingil sainmhíniú ar an absalóid sna tearmaí seo a leanas: 'breith sgaoilte ó pheacadhuibh bheirios an sagart 'gá bhfuil úgh-dardhás chuige sin ar an tté admhas iad maille tuirse tréna ndénamh' (línte 4,347-4349).

Cé gur leis an sagart go sainiúil a bhaineann an absalóid deireann Mac Aingil nach miste don aithríoch cur amach a bheith aige ar an ngné seo freisin, go háirithe ar an aimsir seo nuair atá ganntanas daoine foghlamtha ann. Is é mo bharúil láidir go dtugann sé seo le fios gur do thuataí go príomha a scríobhadh an *Scáthán*, don aithríoch agus ní don oide faoistine. Má chuirtear san áireamh an stíl phearsanta phráinneach atá ag Mac Aingil chun labhairt leis an léitheoir sa dara pearsa go minic sa leabhar, agus go bhfuil roinnt de na peacaí dírithe go sainiúil ar thuataí, mar shampla, ar mhúin tú an teagasc críostaí do do chlann, is dealraitheach nach lámhleabhar d'oidí faoistine an saothar seo, cé nach ionann sin is a rá nach bhféadfadh siad leas a bhaint as. Is fiú a mheabhrú freisin go ndearbhaíonn an *approbatio* go míníonn an tráchtas go soiléir gonta gach a bhfuil riachtanach don aithrí *tam confessoribus quam poenitentibus*, d'oidí faoistine chomh maith leis na haithrígh. Ciallaíonn sé seo gurb iad na tuataí is mó a bhí ar intinn ag an údar.[40]

Más do thuataí go príomha a scríobhadh an saothar, ardaíonn sé sin ceist eile, mar atá, staid na litearthachta in Éirinn, agus litearthacht sa Ghaeilge ach go háirithe, i dtús an tseachtú haois déag.[41] Léiríonn cosantacht an údair faoin stíl shimplí a bhí roghnaithe aige mar mheán go raibh fhios aige go léifeadh baill den aos léinn agus den aos dána an leabhar, ach go raibh sé ag scríobh do phobal ní ba leithne go mór fada ná sin. Níl fhios againn cé méid cóip den *Scáthán* a cuireadh i gcló ach níor éirigh le Cainneach Ó

40. *SSA*, 219.
41. Katherine Simms, 'Literacy and the Irish bards', in Huw Pryce (eag.), *Literacy in medieval Celtic societies* (Cambridge, 1998), 238-258.

Maonaigh ach lorg aon chóip déag acu a rianú.[42] Tuigtear ón gcuntas a sheol an spiadóir Richard Morris chuig Iarla Salisbury sa bhliain go raibh éileamh láithreach ar an gcéad eagrán de *Theagasc Críostaí Uí Eoghasa* ag na saighdiúirí Éireannacha san Ísiltír.[43] Ach cé méid saighdiúirí a bhí i gceist dáiríre? Is cinnte gur lú go mór fada ná sin líon na n-oifigeach, agus is ina measc sin amháin a bheadh teacht ar an litearthacht, ba dhóigh leat. Cúig chéad cóip den *Tiomna Nua* a clóbhualadh sa bhliain 1602 agus bhí cóipeanna fós le fáil sa bhliain 1628, rud a thugann le fios nach mór an t-éileamh a bhí air.[44]

Cé gur ann d'fhianaise a thugann le fios go raibh an ráta litearthachta sa Ghaeilge ag méadú ón séú haois déag ar aghaidh, tharlódh fós go raibh líon na ndaoine nár bhain leis an aos léinn a raibh léamh agus scríobh na Gaeilge acu beag go maith. Caithfidh go raibh sé sách ard ag an am céanna le gurbh fhiú le bráithre bochta na Lováine leabhair reiligiúnda a chur ar fáil dóibh, cé go dtuigfí ó Mhac Aingil uaireanta nach raibh sa saothar clóbhuailte ach sop in áit na seanmóireachta. B'fhéidir go raibh súil ag scríbhneoirí na Lováine go leanfadh na Gaeil sampla na Séantach i Sasana agus go mbainfeadh cinn tí uaisle liteartha leas as na leabhair chun an chlann agus na searbhóntaí a oiliúint i dteagasc na heaglaise agus go rachadh an leabhar i bhfeidhm ar i bhfad níos mó daoine dá bharr sin ná ar an sealbhóir amháin.

Tar éis an tseachráin sin a chur dínn, dá riachtanaí féin mar sheachrán é chun tuiscint iomlán a fháil ar chomhthéacs cumtha agus foilsithe an *Scátháin*, is féidir filleadh ar cheist na habsalóide. Míníonn Mac Aingil nach leor duine bheith ina shagart amháin chun absalóid a thabhairt uaidh ach nach mór údarás eaglasta bheith aige chomh maith. Tá dhá bhealach ann leis an údarás seo a fháil, beinifis pharóiste a bheith ag an sagart nó cead a bheith faighte aige ó easpag nó ó phrealáid eile a bhfuil údarás easpaig aige chun faoistiní a éisteacht, mar a shaidhmeann Trionta. Is féidir leis an aithríoch talamh slán a dhéanamh de go bhfuil údarás éisteachta ag a shagart paróiste, ach i gcásanna eile ba chóir dó a dheimhniú an bhfuil cead faighte ag an sagart ón easpag nó óna ionadaí. An dara bealach ná údarás a bheith faighte ag an sagart go

---

42. *SSA*, xxxi.
43. *An Teagasg Críosdaidhe*, xiv.
44. Nícholas Williams, *I bprionta i leabhar: Na Protastúin agus Prós na Gaeilge 1567-1724* (Baile Átha Cliath, 1986), 34.

díreach ón bpápa. Baineann sé sin le cás iarbhír na hÉireann toisc gan aon easpaig a bheith sa tír ag an am i ngeall ar an gcoinbhlíocht reiligiúnda, ach amháin 'pseudeasbuig ata a n-earráid chreidimh' (líne 4396).[45] De bharr chúinsí corracha na hÉireann is díreach ón bpápa a fhaigheann baill na n-ord rialta go coitianta agus go leor de na sagairt deoise an t-údarás chun faoistiní a éisteacht roimh fhilleadh ar Éirinn dóibh. Ní gá údarás éisteachta a bheith ag sagart, áfach, i gcas na dtrí eisceacht seo a leanas, ponc báis, maidir le peaca sologhtha nó peaca marfach a maitheadh cheana, nó má iarrann an Pápa féin absalóid.

Luann Mac Aingil ansin eisceacht eile a bhaineann go sainiúil le cúinsí comhaimseartha na hÉireann agus a dheacra atá sé ag sagart údarás a fháil toisc nach bhfuil ach easpag nó beirt sa tír, agus iad sin i bhfolach d'eagla pianta agus príosúin. Sa chás go mba ghá don aithríoch an fhaoistin bhliana agus comaoine a dhéanamh agus gan fáil ach ar shagart gan údarás, molann Mac Aingil don aithríoch dul ar fhaoistin chuige agus peaca sologhtha a lua i dteannta an pheaca mharfaigh. Gheobhaidh sé grásta de bharr an peaca sologhtha a admháil agus de bhrí nach féidir le peaca marfach maireachtáil i dteannta an ghrásta scaoilfear an peaca marfach chomh maith. Cé go bhfuil cuma na cluichíochta intleachtúla agus na cásaisteachta ar an réiteach seo, is sampla breá eile é de chúram tréadach Mhic Aingil, agus is díol spéise gur tábhachtaí leis práinn anama an pheacaigh ná aon rud eile, ach é ag iarraidh cumhacht an údaráis a shlanú ag an am céanna. Admhaíonn sé nach luann dochtúirí na heaglaise an cás áirithe seo, ach sin de bhrí nár bhain an riachtanas leo. Réiteach Éireannach do chúinsí na hÉireann.

Maidir le cás easpaig nó pápa (reserved sin) is féidir le sagart ar bith é a mhaitheamh tráth na faoistine bliantúla nuair nach bhfuil sagart leis an údaras cuí ar fáil, ach nach mór don pheacach é sin a chur san fhaoistin an chéad uair a mbeidh teacht aige ar shagart leis an údarás cuí. Ba chóir don sagart simplí féin, is é sin, sagart gan údarás, an cás seo a mhíniú don phobal ina leithéid de riachtanas, agus leas a bhaint as gcead seo é féin i gcás riachtanais, nó dá mbeadh air aifreann a léamh agus nach bhféadfadh sé é a ligean thairis gan scannal a thabhairt.

45. Ainmníodh David Rothe mar easpag Osraí sa bhliain 1618 agus coiscríodh mar easpag i bPáras é sa bhliain 1620. Go ceann roinnt mhaith blianta ina dhiaidh sin ba é Rothe an t-aon easpag amháin a raibh cónaí air in Éirinn (Colm Lennon, 'The "Analecta" of Bishop David Rothe', in Hiram Morgan (eag.), *Political ideology in Ireland* 1541-1641 (Dublin, 1999), 186.

Tá coinníollacha eile de dhíth ar an oide faoistine i dteannta an údaráis, deabheatha agus léann. Ach ós rud é nach ar a shon féin ach ar son an phobail a fuair an sagart a bhfuil de chumhacht agus d'údarás aige na sacraimintí a riaradh, ní cóir don aithríoch bheith imníoch faoi dhrochbheatha an tsagairt óna bhfaigheann sé absalóid fad is go gcoinníonn sé an fhoirm fhírinneach. Ach is peaca tromchúiseach don sagart féin bheith ag toirbhirt na sacraiminte go mídhiongbháilte. Is cuimhin le Mac Aingil féin daoine in Éirinn a bhí buartha faoi dhul ar fhaoistin chuig sagart a raibh bean tí aige, daoine eile a d'fhanadh ón aifreann a léadh sé. Ach i ndeireadh na dála is fearr dul ná gan dul, go háirithe ar lá saoire eaglasta agus gan aifreann eile ar fáil. Cé go raibh toirmeasc ann fadó maidir le haifreann sagairt leannánda a éisteacht chuir Comhchomhairle Constainte an toirmeasc sin ar ceal. Dá mba rud é go gcuirfí an sagart go follasach faoi choinnealbhá nó dá n-imreodh sé foréigean go follasach ar phearsa eaglasta, sa dá chás sin, áfach, ní bheadh feidhm leis an absalóid a thabharfadh sé uaidh, ní i ngeall ar a dhrochbheatha ach toisc go mbeadh an eaglais tar éis a chumhacht agus a údarás a tharraingt uaidh. Ach go fiú sa dá chás sin féin, is féidir leis an sagart absalóid a thabhairt do dhuine i bponc báis mar a theagascann Trionta.

Má tá rogha ag duine is fearr dea-oide ná drochoide faoistine, ach i gcás rogha an dá dhíogha, is fearr drochoide ná dada.

Tar éis dó cás an tsagairt mhímhorálta a phlé tarraingíonn Mac Aingil aníos an méid foghlama is gá bheith ag an oide faoistine. Níl foghlaim an tsagairt de shubstaint na sacramainte ach ba chóir go mbeadh cur amach aige ar ghnéithe na bpeacaí agus go mbeadh sé in ann idirdhealú a dhéanamh idir peacaí sologhtha agus peacaí marfacha. Eolas meánach atá i gceist cé gur dóigh le Mac Aingil gur mó an t-eolas atá d'fheidhm ar an sagart a mhinistreálann sa chathair ná an sagart a mhinistreálann faoin tuath. Ba chóir go dtuigfeadh an t-oide faoistine na nithe seo a leanas freisin: an t-ullmhúchán a iarrtar ar an aithríoch maidir leis an doilíos atá air faoina pheacaí sula dtugtar absalóid dó; na cásanna nach féidir absalóid a thabhairt; cén cúnamh is cóir a thabhairt don aithríoch; cén leorghníomh is cóir a thabhairt dó; cén dualgas atá ar an bpeacach siocracha an pheaca a sheachaint.

Siúd is nach bhfuil foghlaim an tsagairt de shubstaint na sacraiminte ní dhéanann na fíréin a leas má roghnaíonn siad oide aineolach agus oide eolach ar fáil. Is iontach an stró a chuireann go leor de mhuintir na hÉireann orthu féin teacht ar an lia coirp is fearr dóibh féin nó an tréadlia is fearr dá n-ainmhithe, ach a mhalairt ar fad a tharlaíonn nuair is lia anama a bhíonn ag teastáil. Is leor leo an t-oide faoistine is foigse dóibh, ceann agus cosa a bheith ar an sagart agus lámh a chur ós a gceann (tagairt don *impositio manus*) chun a rá go ndearna siad a bhfaoistin agus go bhfuil eagla Dé agus grá dá gcreideamh acu. Mar fhocal scoir ní cóir an sagart ainbhiosach a thaobhachtáil ach i gcás fíor-riachtanais. Ach is bocht an scéal é cás na hÉireann agus a laghad lianna spioradálta atá sa tír i ngeall ar ghéarleanúint na n-eiriceach.[46] Caithfidh go bhfuil Dia go mór i bhfeirg le hÉirinn sa mhéid go bhfuil aoirí eagna á scrios as an tír gan fáil ina n-áit ach: 'eiriceaspuig uaibhreacha earráideacha 7 minisdri meangacha míochoinsiasacha nách dein sduidér oidhche achd a leabhruibh banda bhíos lán de cheasduibh collaidhe' (línte 4,833-4,835).

Ní oileán naomh í Éire feasta ach áras eiriceach. Is mór an trua nach féidir le comharbaí na naoimhchléire filleadh ar Éirinn gan meas tréatúirí bheith orthu. Ach d'ainneoin na ndeacrachtaí go léir agus na drochíde ata i ndán dóibh, tá go leor óganach Éireannach ag dul isteach sa bheatha rialta agus sa tsagartóireacht thar lear agus rún acu filleadh ar a dtír dhúchais. Ón gcaoi a n-athraíonn Mac Aingil go dtí an chéad phearsa uimhir iolra sa chuid seo den tráchtas, dealraíonn sé go bhfuil sé ar intinn aige féin filleadh abhaile ach an deis a fháil ar neamhchead do phianta, príosún, nó don bhás féin. Fuair sé an deis i ndeireadh na dála nuair a ceapadh ina Ard-Easpag ar Ard Mhacha é in Aibreán na bliana 1626 ach bhásaigh sé go tobann sa Róimh cúpla mí ina dhiaidh sin ar an 22 Meán Fómhair agus é ag téisclim i gcomhair an aistir abhaile.

Agus a racht scaoilte aige arís eile faoi chúinsí comhaimseartha na hÉireann, filleann Mac Aingil ar an absalóid agus cuireann sé críoch leis an tráchtas ar shacraimint na haithrí trí phlé a dhéanamh ar na cásanna in ar cóir don aithríoch an absalóid a iarraidh arís. Tá roinnt acu seo pléite aige cheana sa chéad roinn den saothar ach cuireann sé dhá chás leo, gan foirm na habsalóide bheith ar eolas ag an sagart nó gan údarás cuí aige chun peacaí a mhaitheamh.

---

46. *Persecusion* agus *inghreim* an dá fhocal a mbaineann Mac Aingil leas astu (línte 4,810-4,811). Chun sainmhíniú a fháil ar an dá théarma seo féach Bernadette Cunningham and Raymond Gillespie ' "Persecution" in seventeenth-century Irish', *Éigse* XXII (1987), 15-20

Tátal

San aiste seo ta cíoradh déanta againn ar cheann de na leabhair is túisce a foilsíodh sa Ghaeilge, saothar a eascraíonn as na cúinsí corracha a ghin an Leasúchán Creidimh nuair a réabadh aontacht na Críostaíochta san Eoraip. Ní hamháin go bhfuil toise tathagach idirnáisiúnta ag baint le trachtas Mhic Aingil, ach síolraíonn go leor de phráinn an tsaothair as an tionchar sochreiligiúnda a d'imir an Leasúchán Creidimh ar chúinsí na hÉireann féin. Ach má dhéanaimid neamhshuim de na scéalta samplacha a d'inis an t-údar, nach bhfeileann an áibhéil agus an t-imeaglú atá ina n-orlaí tríothu an meon reiligiúnda freacnairceach, dá fheabhas stíl reacaireachta an údair; má dhéanaimid neamhaird de chúinsí sainiúla cumtha an leabhair i dtús an tseachtú haois déag agus a tharcaisní a chaitear le lucht an Leasúcháin Phrotastúnaigh, is iontach a dhlúithe a réitíonn eithne an tsaothair leis an teagasc coitianta ar shacraimint na haithrí a bhí i réim san Eaglais Chaitliceach ó aimsir Thrionta anuas go dtí deireadh na seascaidí den aois seo caite. Is beag fíréan cleachtach os cionn daichead bliain d'aois a shamhlódh aduaine le teachtaireacht lárnach an *Scátháin*.

Ach dá dhíograisí é Aodh Mac Aingil chun teagasc na heaglaise a léiriú chomh soiléir agus ab fhéidir gan fiacail a chur ann nuair ba ghá, fós féin, tagann a chúram tréadach chun tosaigh arís agus arís eile agus is léir gurb é leas spioradálta an duine aonair an chloch is mó ar a phaidrín. Féachann sé i gcónaí le dlúthnasc a dhéanamh idir éilimh an teagaisc agus sainchúinsí an fhíréin ar leith. Ní beag sin de theist ar lia anamacha.

GNÉITHE DEN NAOMHSHEANCHAS IN ÉIRINN SA TRÉIMHSE RÉAMH-LOCHLANNACH

MÁIRE HERBERT

Roinn na Sean- agus na Meán-Ghaeilge,
Coláiste na hOllscoile, Corcaigh

Is é an naomhsheanchas an litríocht is fairsinge atá againn ó eaglais na hÉireann sa tréimhse réamh-Normannach. Maireann fós beathaí Laidne do suas le seasca naomh Éireannach, agus tá suas le daichead naomh gur scríobhadh a mbeathaí tré Ghaeilge.[1] Na beathaí is sine atá againn, sa Laidin a scríobhadh iad, agus áirítear go mbaineann siad leis an dara leath den seachtú céad. Pádraig, Bríd, agus Colm Cille na naoimh atá i gceist.[2] Tá sé le tuiscint go mbaineann na téacsaí seo feidhm as scríbhinní naomhsheanchais ón nglún rompu. Caithimid, mar sin, tús an naomhsheanchais in Éirinn a chur siar go lár na seachtú haoise.[3] Cuidíonn fianaise na liotúirge leis an bhfianaise seo ón naomhsheanchas go raibh cultas na naomh dúchasach bunaithe go luath tar éis forleathnú na Críostaíochta in Éirinn.[4]

Cé go raibh cur amach sásúil ag scoláirí le fada ar an naomhsheanchas is sine a mhaireann, ní raibh an staidéar céanna déanta ar bheathaí naomh a scríobhadh i ndiaidh na seachtú haoise. Bhí san fíor go háirithe i gcás na mbeathaí Laidne, mar ní fhéadfaí fianaise na teanga a úsáid chun iad a dhátú, rud a bhí indéanta i gcás na mbeathaí Gaeilge de.[5] Ach le déanaí tá obair scolártha déanta a chaitheann solas nua ar an naomhsheanchas Laidine in Éirinn sa tréimhse réamh-Lochlannach.

Dhein Richard Sharpe[6] scrúdú ar thrí bailiúchán naomhsheanchais a mhaireann i lámhscríbhinní ón gceathrú agus ón gcúigiú haois

---

1. Tá an áireamh seo déanta ag Richard Sharpe, *Medieval Irish Saints' Lives* (Oxford, 1991), 5-7.
2. Is iad na beathaí atá i gceist ná saothair le Muirchú agus le Tírechán ar bheatha Phádraig, *Vita Brigitae* le Cogitosus, agus *Vita Columbae* le hAdomnán.
3. L. Bieler, *The Patrician Texts in the Book of Armagh* (Dublin, 1979), 39-41; K. McCone, 'Brigit in the seventh century: A saint with three Lives', *Peritia* 1 (1982), 107-45; M. Herbert, *Iona, Kells and Derry. The History and Hagiography of the Monastic Familia of Columba* (Oxford 1988, repr. Dublin 1996), 12-26, 134-36.
4. J. F. Kenney, *The Sources for the Early History of Ireland; Ecclesiastical* (New York 1929, repr. Dublin, 1979), 478-82.
5. Tá tuairisc ar chúrsaí scoláireachta le fáil i M. Herbert, 'Hagiography', *Progress in Medieval Irish Studies* (Maynooth, 1996), 79-90.
6. Sa saothar *Medieval Irish Saints' Lives* (nóta 1 thuas).

66 MÁIRE HERBERT

déag. Gan amhras, glacadh leis go raibh na beathaí féin sna bailiú-
cháin sin níos sine ná dáta na lámhscríbhinní ina rabhadar. Ach
thairis sin ní raibh aon chinnteacht i dtaobh cathain a cumadh iad.
I measc na nithe tábhachtacha a tháinig as obair Sharpe bhí an aird a
tharraing sé ar an ngrúpa beathaí atá le fáil sna trí bhailiúchán, grúpa
a bailíodh le chéile, dar leis, am éigin idir lár na hochtú haoise agus
lár na naoú haoise.[7] Chiallódh san go raibh grúpa beathaí á aithint a
bhí ar fáil in Éirinn thart ar an mbliain 800 A.D. Tá a lán scrúdú fós
le déanamh ar an dteoiric. Tá an dá rud i gceist, dáta an bhailiúcháin,
agus dátaí na dtéacs sa bhailiúchán. Dhírigh Sharpe ar fhianaise
théacsúil an bhailiúcháin, agus níor dhein sé an mionscrúdú ar na
téacsaí féin. Is chuige sin atáim, le tamall anuas. Táim ag iarraidh
comhthéacs scríofa na mbeathaí a aimsiú, tré scrúdú a dhéanamh ar
an gcrot liteartha atá orthu, agus ar an léiriú a dheineann siad ar
chúrsaí eaglasta, agus ar chúrsaí polaitíochta. Ón méid atá déanta
agam go dtí seo, táim sásta go bhfuil dealramh leis an dtuairim a bhí
ag Sharpe, gur san ochtú haois a cumadh na beathaí naomh seo.

Na *Vitae* atá i gceist, baineann a bhformhór leis an dúthaigh thart
ar Shliabh Bhladhma, dúthaigh a bhí i dteorainn le ríochtaí tábh-
achtacha na Mumhan, le hUí Néill, agus le Laighin. Is iad na
naoimh atá i gceist sa bhailiúchán ná na bunaitheoirí mainistreach
seo: Colmán Lann Elo, Fionán (de bhunadh Chorca Dhuibhne) a
chaith saol mainistreach i gCeann Eittigh, Molua Chluain Ferta
Molua, Fintan Chluain Eidneach, Munnu, Ruadán agus Cainnech
Achadh Bó. I dteannta leo siúd, tá beirt naomheaspag go bhfuil *vita*
ann dóibh, Ailbhe, agus Aodh mac Bricc.[8]

Tá a fhios againn cheana féin ón scrúdú a deineadh ar bheathaí
na seachtú haoise, go raibh eolas ag lucht a scríofa ar an
naomhsheanchas idirnáisiúnta. I gcás an *Vita Columbae*, mar sham-
pla, bhí beathaí Laidne cosúil le *Vita Antonii*, *Vita Martini* le
Sulpicus Severus agus *Dialogi* Ghréagóra Mhóir mar eiseamláir ag
an údar Adomnán.[9] Tá tionchar ag scéalta apocraifeacha ar bheathaí
na n-aspal le tabhairt fé ndeara ar bheatha Phádraig le Muirchú.[10] Is

7. *Ibid.*, 297-339.
8. Síleann Sharpe gurb é téacs an *Codex Salmanticensis* an téacs is fearr a chaomh-
naíonn ábhar seanda na mbeathaí seo. Tá na *Vitae* sa lámhscríbhinn sin i gcló ag W.
W. Heist, *Vitae Sanctorum Hiberniae ex codice olim Salmanticensi nunc
Bruxellensi* (Brussels 1965), 118-233.
9. G. Brüning, 'Adamnan's Vita Columbae und ihre Ableitungen', ZCP 11 (1917),
213-304.
10. A. O'Leary, 'An Irish Apocryphal Apostle: Muirchú's Portrayal of Saint
Patrick', *Harvard Theological Review* 89.3 (1996), 287-301.

cosúil go raibh *Vita Pauli* le Jerome ar eolas ag Cogitosus, údar bheatha Bhríde.[11] Ar ndóigh, dhein na húdair seo go léir a gcuid féin des na téacsaí iasachta. Chímid préamhú an naomhsheanchais i dtraidisiún na hÉireann ina gcuid saothar. Chífimid go bhfuil an préamhú seo dulta níos faide sna beathaí a bheidh fé chaibidil againn.

I gcás an ghrúpa beathaí seo ón ochtú haois, is cosúil go raibh na saothair a chum ceannródaithe Gaelacha an naomhsheanchais mar eiseamláir acu i dteannta le beathaí ón iasacht. Is léir, chomh maith, go ndeachaigh litríocht dhúchasach na hÉireann i bhfeidhm ar a gcuid scríbhinní. Tógfad beatha Ailbhe mar léiriú.[12] Tá sé le léamh ar an dtéacs go raibh *vitae* Phádraig ar eolas ag an té a scríobh. Deireann seisean go hoscailte gur *alter Patricius* é Ailbhe. Tugann údar bheatha Ailbhe freagra ar an mbollscaireacht a bhí déanta thar ceann Phádraig ag Muirchú agus ag Tírechán. Críochnaíonn saothar Thírecháin le tuairisc ar theacht Phádraig go Caiseal Mumhan. Chuir údar bheatha Ailbhe roimis a dheimhniú go raibh cáilíochtaí i bhfad níos fearr ag Ailbhe ná mar a bhí ag Pádraig chun omós a fháil ó Chríostaithe na Mumhan. Deir an *vita* go bhfuair Ailbhe baisteadh ó Palladius i bhfad sarar tháinig Pádraig go hÉirinn, agus insíonn sé gur deineadh easpag de sa Róimh i láthair an Phápa féin.

I dteannta leis an gcomórtas le Pádraig, cuireann *vita* Ailbhe feabhas an naoimh in iúl i slite éagsúla liteartha. Ar nós an laoich i dtraidisiún scéalaíochta na Gaeilge, bhí nithe neamhghnáthacha ag baint le hóige Ailbhe. Insíonn an *vita* gur ghoid mac tíre é nuair a bhí sé ina leanbh, agus gur tógadh i measc na n-ainmhithe sin é. Is mír scéalaíochta é seo atá le fáil i scéalaíocht na Gaeilge, i mbeatháisnéis Chormaic mhic Airt.[13] Cuidíonn an *topos* traidisiúnta faoi óige an laoich leis na *topoi* eaglasta sa *vita* chun go n-aithneofaí gur duine ar leith é Ailbhe. Chímid, mar shampla, gur aingeal ó neamh a thug grád easpaig dó.[14] Ar nós Chríost, bhí sé in ann beatha a thabhairt dos na mairbh.[15] Tá comhshamhlú suimiúil idir *topos* dúchasach agus *topos* Críostaí i dtuairisc an *vita* ar long cré-umha

11. C. Stancliffe, 'The Miracle Stories in seventh-century Irish Saints' Lives', *The Seventh Century, Change and Continuity* ed. J. Fontaine & J.N. Hillgarth (London, 1992), 88.
12. Téacs i Heist, *Vitae* (nóta 8 thuas), 118-31.
13. K. McCone, *Pagan Past and Christian Present in Early Irish Literature* (Maynooth, 1990), 191-92.
14. Heist, *Vitae*, 122, §16.
15. *Ibid*, 123, §20, 124 §25, 26, 27.

a tháinig chuig an naomh agus é chois chósta. Chuaigh Ailbhe ar bhord, agus rug an long leis é. Chímid san insint seo comharthaí sóirt an *echtrae*, turas an laoich go dtí an saol eile, sa scéalaíocht dúchasach. Ach, laistiar den insint, leis, tá an traidisiún Críostaí, mar shampla, an scéal gur rugadh Naomh Pól gusna flaithis agus é beo.[16] Tá comhoibriú na dtraidisiún le tabhairt fé ndeara chomh maith i *vita* an Easpaig Aodh mac Bricc. Is léir anseo go raibh naomhsheanchas Bhríde i measc na bhfoinsí a bhí ag an údar.[17] Sa chás seo, is féidir an gaol liteartha idir naomhsheanchas Aodha agus naomhsheanchas Bhríde a shuíomh i gcomhthéacs stairiúil. Is cosúil go raibh cultas an easpaig á chur chun cinn sa dúthaigh ina bhfuil Contae na hIarmhí sa lá inniu. Bhain an taobh san tíre leis na Laighnigh sa tréimhse roimis an seachtú haois agus gan amhras, bhí naomhphátrún na Laighneach, Bríd, á comóradh go speisialta ann. Ach toisc gurb é cumhacht Ua Néill a bhí i dtreis ina dhiaidh sin, is léir gur naomh dá mbunadh féin, an tEaspag Aodh, a bhí á chur chun tosaigh. Ach, b'é an chaoi ab fhearr le cultas Aodha a threisiú ná é a cheangal ar shlí éigin le cultas Bhríd. Mar sin, chímid sa *vita* míorúiltí áirithe a luadh le Bríd á gcur i leith Aodha. Tá sé suimiúil go bhfuil Bríd fós á comóradh, i dteannta leis an Easpag Aodh, ina eaglais siúd i gCeall Áir go fóill.[18]

I dteannta leis an gceangal le naomhsheanchas na hÉireann sa *vita*, tá ceangal leis an scéalaíocht dúchasach le feiscint ar an dtéacs chomh maith. Insítear gur chuir máthair Aodha moill an bhreith an linbh mar gur thairngir fáidh go mbeadh cáil ar an té a saolófaí ar an lá dar gcionn. Tá ceangal liteartha anseo leis an scéal dúchasach i dtaobh bhreith Fhiacha Muillethan. Tá deimhniú an scéil sa naomhsheanchas, sa ráiteas gur mhair rian cheann an linbh ar an gcloch fós, agus go raibh leigheas galair le fáil ón uisce a bhíodh bailithe ann.[19] *Topos* eile i *vita* an Easpaig Aodha ná an taisteal iontach a dheineadh sé i gcarbad. Arís, is cosúil go bhfuil traidisiúin éagsúla fite fuaite anseo. Cuireann léiriú an easpaig Cú Chulainn na scéalaíochta i gcuimhne dúinn, ach cuimhnímid leis ar an bhfáidh Habacuc i litríocht an Bhíobla.[20]

16. M. Herbert, 'Literary Sea-Voyages and Early Munster Hagiography', *Celtic Connections: Proceedings of the Tenth International Congress of Celtic Studies*, ed. R. Black *et al.* (Edinburgh, 1999), 182-89.
17. Téacs an *vita*, Heist, *Vitae*, 167-81. Pléifear an gaol idir na beathaí in alt eile.
18. P. Walsh, *The Placenames of Westmeath* (Dublin, 1957), 20-22, 348-49.
19. McCone, *Pagan Past*, 189-90.
20. J. F. Nagy, *Conversing with Angels and Ancients* (Cornell, 1997) 236-46; An Bíobla Naofa: Dainéil 14, 33-40.

Maidir le beathaí eile sa ghrúpa seo ó dhúthaigh Shliabh Bhladhma, tugaimid fé ndeara go bhfuil tionchar ón *Vita Columbae* le feiscint ar bheathaí áirithe gur beathaí manach iad. Tá naoimh mar Chainnech, Colmán Elo, agus Munnu, luaite sa *Vita Columbae*, agus gheibhimid tionchar ón *Vita Columbae* ar a mbeathaí san. Ach rud eile suimiúil a thagann chun solais tar éis beathaí na manach a scrúdú ná go raibh an manachas féin ilghnéitheach. Tuigimid cheana féin ós na foinsí is luaithe atá againn fé Cholm Cille, sé sin an Amra agus an *Vita Columbae*, go raibh cur amach ag a chomhluadar manach ar shaothar Cassian, an té a mhínigh cleachtaisí an Oirthir do mhanaigh Iarthair na hEorpa. Ach chímid leis gur dhein comhluadar Cholm Cille a chuid féin de threoireacha Cassian. Chuir lucht leanúna Cholm Cille béim níos mó ar chúrsaí léinn, ar staidéar agus ar scríbhneoireacht, mar shampla.[21] Sna beathaí atá againn ón ochtú haois, chímid tionchar eile chomh maith. Deintear tagairt don bPápa Greagóir i *vitae* áirithe, mar shampla, *vitae* Molua agus Colmán Elo.[22] Tá níos mó ná ómós ginearálta don bPápa i gceist, sílim, mar léirítear dom i gcleachtaisí na naomh sna *vitae* sin tionchar ón riail Bheinidicteach a mhol Gréagóir.

I mbeatha Molua, mar shampla, cuirtear béim ar *stabilitas* mar shuáilce a bhí le cleachtadh ag a chomhluadar manach agus tá an tábhacht chéanna le *stabilitas* sa riail a luaitear le Beinidict.[23] Thairis sin, ínsíonn *vita* Molua gur chuir an naomh manach go dtí an Róimh le cóip dá riail a thaispeáint do Ghreagóir, agus deirtear gur mhol an Pápa go hard é.[24] Mar sin féin, is cosúil gur chuir na hÉireannaigh a gcasadh féin arís ar an riail, mar is léir ón naomhsheanchas nárbh ionann *stabilitas* agus *peregrinatio* a shéanadh ar fad. Insíonn an *vita* gur lorg Molua áit le haghaidh mainistreach ina dhúthaigh féin ar dtús, ach gur tháinig teachtaireacht chuige ó Dhia, '*Clericus enim in sua patria honorem non habet*'.[25] Bhí gá le taisteal áirithe ar son Dé, agus tugaimid fé ndeara i gcás na naomh a luaitear le dúthaigh Shliabh Bhladhma gur rugadh a bhformhór i bhfad ón dúthaigh sin. Ba de mhuintir Ua Fidgenti do Mholua féin, mar shampla, agus ó Chorca Dhuibhne do

21. P. P. Ó Néill, 'The date and authorship of Apgitír Chrábaid', *Ireland and Europe*, ed. P. Ní Chatháin & M. Richter, (Stuttgart, 1987), 203-15.
22. Heist, *Vitae* 141, §47, 143-44, §63-64, 145, §69, 215-16, §20.
23. *The Rule of Benedict*, ed. G. Holzherr (Dublin, 1994).
24. Heist, *Vitae* 144 §64.
25. *Ibid.* 137 §30.

Fhionán Chinn Eittigh. Is cosúil gurb ionann *stabilitas* agus fanacht socair tar éis 'ionad a aiséirithe' a bheith aimsithe ag an naomh.

Tar éis dúinn eolas a fháil ar chomhthéacs liteartha na *vitae*, is féidir linn idirdhealú a dhéanamh idir an t-ábhar iontu a bhaineann le coinbhinsiún agus an t-ábhar a léiríonn meon na n-údar agus na linne. Féachfaimid anois, mar sin, ar ghnéithe den saol sóisialta atá á léiriú go speisialta sna *vitae*. Gan amhras, ní féidir glacadh leis go bhfuil radharc stairiúil á fháil iontu ar an tréimhse inar mhair na naoimh. Ach, is féidir glacadh leis go bhfuil léargas áirithe sna beathaí ar an dtréimhse inar mhair a n-údar. Cé go bhfuil na *vitae* ilghnéitheach tá nithe áirithe fé chaibidil go speisialta iontu.

Deir Peter Brown, ag caint do air dhearcadh Ghreagóra: 'The contemplative's wisdom nourished by communion with God, was placed at the disposal of others … Ascetic care of the self spilled over into care of others.'[26] Tuigtear dom go bhfuil an dearcadh seo le feiscint i mbeathaí na hochtú haoise. Tá sé le léamh ar na *vitae* go raibh sé ionmholta do chinnirí eaglasta idirghabháil a dhéanamh chun príosúnaigh nó sclábhaithe a fhuascailt. Is é an gnáthphatrún scéalaíochta sna beathaí ná go ndiúltaíonn rí éisteacht a thabhairt don naomh go dtí go dtaispeánann seisean a chumhacht míorúilteach. Téann comhacht an naoimh i bhfeidhm ar an gcomhacht saolta, agus fuasclaítear na cimí.[27] Is féidir an fhianaise seo fé fhreastal orthu siúd a bhí gan chomhacht gan ceart a chur taobh le taobh leis an bhfianaise stairiúil atá againn fé reachta chomhaimsireacha in Éirinn, reachta a léiríonn chomhoibriú idir eaglais agus stát. An chéad 'dlí' dá leithéid ná *Cáin Adomnáin* sa bhliain 697. Ar an ócáid sin ghríosaigh ab Oileáin Í maithe na hÉireann, idir eaglais agus tuath, chun cosaint ar an bhfoiréigin a thabhairt do chléirigh, do mhná, agus do pháistí.[28] Chímid sna hannála ar fud na hochtú haoise go bhfuil *Cána* nó reachta dá bhfógairt ag rithe agus ag lucht eaglasta le chéile.[29] Níl an mioneolas céanna againn orthu san agus an méid a mhair fé Cháin Adomnáin. Ach, is dóigh liom go bhfuil foinse mhaith sna *vitae* comhaimsireacha seo chun solas a chaitheamh ar ghnéithe den saol poiblí a d'fhéach lucht na mainistreach le feabhsú. I dteannta le fóirithint orthu siúd a bhí i mbraighdeanas, nó ina

---

26. *The Rise of Western Christendom* (Malden and Oxford, 1996, repr. 1997) 140.
27. Mar shampla, Heist, *Vitae* 178, §§37, 38.
28. Kuno Meyer (ed. & trans.), *Cáin Adamnáin* (Oxford, 1905); M. Ní Dhonnchadha, 'The guarantor list of *Cáin Adomnáin* 697', *Peritia* 1 (1982), 178-215.
29. *The Annals of Ulster* (ed. & trans. S. Mac Airt & G. Mac Niocaill) s.a. 723, 727, 734, 737, 744, 748, 753, 757, 767, 772, 778, 780, 783, 788, 793, 799.

sclábhaithe, léiríonn na *vitae* go raibh cúram síochána leis ag lucht eaglaise. I *vita* Fhionáin tá sé ráite gur dhein an naomh idirghabháil ar son a mhuintire féin, muintir Chorca Dhuibhne, nuair a bhí bagairt orthu ó Uí Fhidgenti.[30] Chímid mar an gcéanna i *vita* an Easpaig Aodh mac Bricc go dtéann seisean chun síocháin a dhéanamh idir mhuintir a athar agus muintir a mháthar, is é sin, idir Uí Néill agus na Muimhnigh.[31] Gné eile den saol chomhdhaonnach ina bhfuil na naoimh gníomhach, de réir an naomhsheanchais ná bagairt na *laici,* buíonta óg-fhear a d'imir leatrom ar a bpobal, ag creachadh agus ag marú.[32] Léiríonn na *vitae* áfach ná leagtar ar lár na *laici* tré chomhacht na naomh, ach go n-úsáideann na naoimh a gcomhacht chun ceacht a mhúineadh dóibh go dtréigeann siad saol an fhoiréigin.[33] Is é meon an naoimhsheanchais seo i gcónaí ná gur ar son leas an phobail a baineadh feidhm as comhacht na naomh. Níor baineadh feidhm as d'aon ghnó chun píonós a ghearradh, nó chun díoltas a bhaint amach orthu siúd a bhí ciontach i ndrochghníomh, ach chun iad a threorú ar bhóthar a leasa.

I dteannta le hidéil na cothromaíochta agus na síochána a chur chun cinn sa saol chomhdhaonnach, tuigimid go raibh deasgnátha na Críostaíochta mar chúram leis ag lucht scríofa na *vitae.* Comhartha follasach na Críostaíochta sa saol poiblí ab ea staonadh ó obair Dhomhnaigh, agus múintear ceachtanna ina thaobh san sna beathaí éagsúla. Insíonn beatha Molua gur tháinig Brandub, rí Laighean, ar cuairt ar an mhainistir ar an nDomhnach, agus gur theastaigh bia uaidh láithreach, cé nár mhian le lucht na mainis-treach saoire an Domhnaigh a bhriseadh le bia a chóiriú. Nuair a tugadh an bia don rí ghreamaigh sé ina scórnach láithreach, agus fágadh mar sin é gur dhein sé aithrí agus gur fhuascail an naomh é. Insítear gur tháinig Colmán Elo ar dhuine a bhí ag gearradh adhmaid oíche Dhomhnaigh, agus nuair a dhúltaigh sé stopadh ar chomhairle an naoimh, ghreamaigh an tua dá láimh. Arís, ní bhfuair sé faoiseamh gur dhein sé aithrí. Chímid, leis, gur tháinig Aodh mac Bricc ar chailíní a bhí ag ní a gcuid gruaige ar an nDomhnach, agus thit gach ribe gruaige díobh go dtí gur ghealladar go gcomh-líonfaidís saoire an Domhnaigh feasta.[34]

30. Heist, *Vitae* 156, §21.
31. *Ibid.* 169-70, §§8, 9.
32. R. Sharpe, 'Hiberno-Latin *laicus*, Irish *láech*, and the Devil's men', *Ériu* 30 (1979), 75-92.
33. Féach, mar shampla, Heist, *Vitae*, 179, §42, 193-94, §44, §45.
34. Heist, *Vitae*, 142, §51, 213, §11, 178-79, §41.

Tá sé suimiúil go bhfuil na *exempla* seo ar fáil in Éirinn sa naomhsheanchas sa tréimhse chéanna ina bhfaightear an téacs dlí, *Cáin Domnaig*.[35] Tá téacs na Cána seo ag brath cuid mhaith ar cháipéis Laidne, an *Carta Dominica*, a bhí á leathadh tré iarthar na hEorpa ón séú haois. Tá fianaise ann go ndeachaigh sé i bhfeidhm ar reachtaisí poiblí maidir le staonadh ó obair Dhomhnaigh i ríocht na bhFranc agus i measc na nAngla-Shacsanach.[36] Chímid sa téacs dlí a scríobhadh in Éirinn gur cuireadh dualgas ar dhaoine sceitheadh ar an gcomharsain, fiú amháin ar a ghaolta féin, dá mbeadh obair Dhomhnaigh á déanamh acu. Bhí an píonós céanna ar an duine nár sceith orthu siúd a dhein obair Dhomhnaigh agus a bhí ar lucht déanta na hoibre. Ach bhí an dearcadh san glan i gcoinne dhearcadh na nGael i leith an phobail agus i leith na muintire.[37] Níl aon trácht ar reachtú na cánach san sna hAnnála, agus creidim nár glacadh le *Cáin Domnaig* riamh ina iomláine i gcóras dlí na hÉireann. Seans gur glacadh le *exempla* an naomhsheanchais mar mheán níos fearr chun dlithe an Domhnaigh a mholadh don bpobal.[38]

Go ginearálta, ó thaobh an dlí dhe, is dóigh liom go léiríonn an naomhsheanchas an coincheap a bhfuil tagairt dó cheana féin sa *Vita Columbae*, is é sin, an *bonum naturale*, an maitheas a bhí i nádúr an duine a threoraigh chun Dé é, fiú gan aon teangbháil fhoirmeálta aige leis an gCríostaíocht.[39] Luaitear i mbeatha Ailbhe go raibh an cháilíocht san ag an bpágánach a d'oil an naomh tar éis do é a shábháil ós na mic tíre.[40] Is féidir dearcadh an naomhsheanchais a chur taobh le taobh le dearcadh chomhaimsireach lucht scríofa dlí in Éirinn. Tá sé le tuiscint go samhlaítear cáilíocht an *bonum naturale* leis an dlí dúchasach réamh-Chríostaí. Forleathnú a bhí le fáil i ndlí na Críostaíochta. Deir Charles Donahue gur 'progressive revelation' a bhí i gceist sa ghluaiseacht ón Sean-Tiomna go dtí an Tiomna Nua. Ar an gcuma chéanna, forleathnú ar an dlí traidisiúnta a bhí i gceist san eagrú scríofa a deineadh ar dlithe na hÉireann thart ar an ochtú haois.[41] Is féidir comhshamhlú a fheiscint

35. Vernam Hull, ed., '*Cáin Domnaig*', *Ériu* 20 (1966), 151-77.
36. M. Herbert, 'Dlithe an Domhnaigh in Éirinn, 600-750 AD', *Cothú an Dúchais* ed. M. Mac Conmara & E. Ní Thiarnaigh (Baile Átha Cliath, 1997), 60-69.
37. F. Kelly, *A Guide to Early Irish Law* (Dublin, 1988), 234-35.
38. Herbert, 'Dlithe an Domhnaigh', 67.
39. Stancliffe, 'The Miracle-Stories', 104-05.
40. Heist, *Vitae*, 118 §2.
41. C. Donahue, 'Beowulf, Ireland and the Natural Good', *Traditio* 7 (1949-51), 263-77 (268-71).

idir dualgas traidisiúnta agus dualgas Críostaí sna *vitae*, mar shampla, sa bhéim a chuirtear ar fhreastal ar aíonna. Go minic sna beathaí[42] cabhraíonn an naomh le daoine chun bia a sholáthar do chuairteoirí. Tá an dearcadh seo á léiriú go soiléir i dtéacs chomhaimsireach, *Vita Prima Brigitae*, áit a bhfuil an ráiteas *Omnis hospes Christus est.*[43]

Ar ndóigh, cúram ar leith a bhí ag na beathaí go léir ná na naoimh a chomóradh. Gheibhimid léargas ar na bealaigh ina raibh *praesentia* an naoimh le fáil sa saol seo.[44] Rud suimiúil sna beathaí seo ná an aird a tarraingítear ar na *testimonia virtutum*, comharthaí na míorúilt a bhí le feiscint fós. Mar shampla, insítear gur thug Colmán Elo soitheach uisce na mainistreach uaidh mar dhéirc, ach go bhfuarthas an soitheach ar ais san áit chéanna arís. Maireann sé *usque hodie* sa mhainistir, deir an *vita, in testimonium huius uirtutis.*[45] Uaireanta, is iad gnéithe fisiciúla na dúthaí a thugann míorúiltí na naomh chun cuimhne. Tugtar aithint do shruth uisce a bhrúchtaigh ó charraig nuair a bhuail Colmán Elo lena bhachall í.[46] Tarraingítear aird ar an gcloch ar ar rugadh Aodh mac Bricc, áit a raibh leigheas galair le fáil, agus bhí leigheas le fáil leis ag carraig áirithe a haistríodh ó láthair eile tré chomhacht an naoimh.[47] Ar ndóigh cuirtear béim, leis, ar na buanna a bhain le reilig an naoimh. I mbeatha Mhunnu, mar shampla, tá sé ráite gur gheall Dia beatha síorraí do gach éinne a bhí curtha ann.[48] Cé ná raibh an bhéim ollmhór ar thaisí corpartha an naoimh in Éirinn is a bhí in áiteanna eile tá tagairt amháin don *translatio*, nós a bhí forleathan ar Mhór-Roinn na hEorpa. Insíonn beatha Cholmáin Elo gur thaispeáin an naomh é féin i bhfís, chun cur in iúl dá chomhluadar manach a chnámha a thógaint ón gcré, ar eagla go ngoidfí iad, agus d'ordaigh sé scrín ghreanta a dhéanamh dóibh.[49] Tá sé suimiúil go bhfaighimid tuairiscí ar *translationes* ó na hAnnála ó c. 800 AD amach, agus tagairtí leis do scrínte órnáideacha a bheith ag taisí na

42. Mar shampla, Heist, *Vitae*, 173-74, §20, 179 §43, 180, §45, 46.
43. Téacs: J. Colgan, *Triadis Thaumaturgae* (Louvain 1647, repr. Dublin 1997), 527-42. Aistriú, S. Connolly, 'Vita Prima Sanctae Brigitae', *Journal of the Royal Society of Antiquaries of Ireland* 119 (1989) 5-49 (17).
44. Peter Brown, *The Cult of the Saints* (Chicago, 1981), 86-105.
45. Heist, *Vitae* 216 §22.
46. *Ibid.* 211 § 4.
47. *Ibid.* 168 §1, 175 §25.
48. *Ibid.* 203-04, §21.
49. *Ibid.* 224 §52.

naomh.[50] Ar ndóigh, is scrínte dá leithéid a bhí á ngoid ag na Lochlannaigh ina dhiaidh sin.

Ach ní saol corraithe thréimhse na Lochlannach atá á léiriú i mbeathaí na hochtú haoise. Tagann siad ó shaol socair, ina raibh teacht le chéile idir lucht na heaglaise agus an saol tuata. Is léir ar na beathaí ná raibh deighilt chultúrtha idir réimse na Laidine agus réimse na Gaeilge, ná idir réimse an dúchais agus réimse na Críostaíochta iontu. Bhí saibhreas agus ilghnéitheacht ag baint leis an gcultúr dhátheangach a bhí ag lucht scríofa na *vitae* seo. Níl aon amhras ná go bhfuil an-chuid le foghlaim óna gcuid saothair ar shaol agus ar shibhialtacht na hÉireann sa tréimhse réamh-Lochlannach. Níl an obair ach ag tosnú.

---

50. R. Ó Floinn, *Irish Shrines and Reliquaries of the Middle Ages* (Dublin, 1994), 5-8, 14-33.

'AG SO SCÉAL UAFÁSACH EILE…': SCÉALAÍOCHT NA SEANMÓIRE

TADHG Ó DÚSHLÁINE

Roinn na Nua-Ghaeilge, Ollscoil na hÉireann, Má Nuad

'Uafásach' an chéad fhocal Gaeilge i mbéalaibh dhá ghlúin de leanaí na tíre seo, a bhuíochas sin don chlár teilifíse *Bosco*. Ach aidiacht í atá suite go daingean in aigne an bhéaloidis riamh anall agus tá sinsearacht ársa laistiar di i dtraidisiún na seanmóireachta chomh maith. Ciall áibhéileach san an bhéaloidis a leanann di go rialta, d'fhonn ionadh agus alltacht a chur in iúl, i seanmóirí an Athar Peadar, mar shampla, áit a n-úsáidtear í mar aidiacht threise go coitianta ag tagairt do mhíorúiltí an Tiarna: sa chur síos ar mhíorúilt na gcúig bhollóg agus an dá iasc, mar shampla, cur síos atá lán d'athrá agus de charnadh reitriciúil na scéalaíochta:

> Ansan b'é a thoil naofa míorúilt uafásach a dhéanamh, míorúilt a bhí uafásach go leor inti féin, ach míorúilt a raibh brí léi a b'uafásaí go mór ná í féin …

Téann an tAthair Peadar i muinín an bhéaloidis ar an gcuma chéanna chun cur lena thráchtaireacht. Seo an cur síos breá muinteartha aige ar chumhacht uafásach Dé i gciúiniú na stoirme ar an bhfarraige:

> Ag trácht ar neart; deinid daoine iongnadh, uaireanta, de neart fir éigin a bhíon ana láidir. Tógan sé ualach éigin ná féadfadh aon fhear eile a choruighe de'n talamh. Taraingean sé 'n-a dhiaigh ualach éigin do theip ar chapall a tharang. Tagan cúigear nó seisear namhad ar an mbóthar roimis chun a mharbhtha. Bainean sé an t-arm de dhuine acu agus gabhan sé ortha go léir go bhfágan sé ar an mbóthar leath-mharbh iad. Ní'l de sgéal uathbhásach i mbéalaibh na ndaoine ach neart an fhir sin. Ach feuchar an bhfaraige nuair a bhíon fearg i gceart uirthi. Feuch ar na tonnthachaibh móra troma agus iad ag gluaiseacht. Cad é 'bhrígh neart fir, neart an fhir is treise d'ár mhair riamh, i gcomparáid le tuinn acu san! Cá

bhfuil an fear a dh'fhéadfadh tonn acu do stop le neart a ghualann! Caith an fear is treise amach ar thuinn acu san, agus ní'l ann ach mar a bheadh sop tuighe. Do thuig muintir na luinge úd an méid sin go dian mhaith. Bhí aithne mhaith acu ar an bhfaraige. Bhí taithige mhaith acu ar a neart. Thuigeadar go h-áluinn cad é an neamhnídh neart duine i gcoinnibh an nirt sin. Agus chonacadar, os cómhair a súl ansúd, duine, duine, dar leó, mar aon duine acu féin, ag smachtughadh an nirt sin le neart a thoile. Dúbhairt sé leis an ngaoith agus leis an uisge fanamhaint socair. Ní túisge do labhair sé leó 'ná mar a dheineadar rud air. Do chuadar chun suaimhnis láithreach agus tháinig ciúnas mór. Chonaic na mairnéalaigh agus na daoine a bhí ar bórd na luinge sin an iongnadh ba mhó d'á bhfeacadar riamh, DUINE – go raibh gaoth agus faraige úmhal dó. Thaisbeáin an Slánuightheóir go raibh cómhacht Dé aige, ní h-amháin ar ghalaraibh, ach ar neart gaoithe agus faraige chomh maith; go raibh gach neart d'ár chruthuigh Dia fé smacht a thoile.

Na daoine a chonaic an mhírbhuilt uathbhásach san, toil duine ag smachtughadh na gaoithe agus na faraige, is iongnadh linne anois, nár iompuigheadar láithreach agus an Slánuightheóir a dh'admháil.

Go deimhin, leanann an tAthair Peadar sampla sheanmóirithe móra na n-*exempla*, ag cruthú samplaí bríomhara dá chuid féin lena theagasc a chur abhaile, faoi mar atá sa radharc seo a leanas mar thrachtaireacht ar an soiscéal: 'An t-é ná fuil liom tá sé am' choinnibh, agus an t-é ná deinean cnuasach mar aon liom deinean sé scaipeadh':

Bhí an focal san fíor i dtaobh na ndaoine gur labhradh leó é. Oireann an focal dúinne chomh cruinn díreach agus d'oir sé dhóibh siúd. Ní féidir do dhuine dhá shraing a bheith ar a bhogha aige i ngnó Dé. Tá daoine agus ba mhaith leó Dia do shásamh agus sa n-am gcéadna ba mhaith leó an saoghal do shásamh, leis. Is cuma iad nó an fear siopa úd a ghlaoidh ar a chléireach. 'A Sheághainín!' ar seisean. 'Teach, a mháigh-istir,' arsa Seághainín.

'Ar chuiris an t-uisge ar an dtobac?' ar seisean.

'Do chuireas, a mháighistir,' arsa Seághainín.

'Ar chuiris an ghainimh sa tsiúicre?' ar seisean.
'Do chuireas, a mháighistir,' arsa Seághainín.
'Ar chuiris an t-uisge sa bhainne a díolfar ar maidin?' ar
seisean.
'Do chuireas, a mháighistir,' arsa Seághainín.
'Seo, má 'seadh,' ar seisean, 'tar anso agus abair do
phaidreacha go dtéighir a chodladh.'
Cúrsaí gáirí iseadh Seághainín agus a mháighistir. Ach
cad 'déarfar leis an bhfear a bhéarfaidh chun an aonaigh an
drochbhó agus a déarfaidh gur bó mhaith í, agus do dhíol-
faidh í agus do thógfaidh airgead maith uirthi, agus a fhios
aige nách ceart í dhíol ach le búistéir éigin, agus ansan do
thiocfaidh a bhaile agus 'déarfaidh a phaidreacha go diadha
sar a dtéighidh sé a chodladh?'[1]

Scéalaíocht teagaisc fáiscthe as an gcúram laethúil, a dtéann a
préamhacha siar go dtí na parabail í seo agus cuid thábhachtach den
scéalaíocht eiseamláireach seo riamh anall a b'ea scéalta an uafáis,
mar a mbíonn seachtú tíolacadh an Spioraid Naoimh, is í sin, eagla
an Tiarna, in úsáid mar shlat mhorálta d'fhonn daoine a bhrostú
chun leasaithe agus aithrí. Is cuid suntais é gur deineadh leabhar
faoi leith den seachtú roinn den *Liber de Septem Donis* faoin dtei-
deal *Liber de dono timoris* agus seo a leanas leagan an Chéitinnigh
de cheann de mhórscéalta an chnuasaigh sin:

Léaghthar sgéal bheanas ris aní se i Leabhar na Seacht
dTiodhlaiceadh. Ag so mar adeir: go rabhadar dias
dearbhráthar ag triall san slighidh, ⁊ fear dhíobh 'na amadán
⁊ fear oile eagnaidhe. Ar mbeith ar eachtra dhóibh, tograid,
⁊ iad i gcoigcrích, triall dá ndúthaigh. Agus ar mbeith i n-ais-
tear dhóbh, tarla comhghar dá ród dóibh. Agus nochtaid na
haoghairidhe fuaradar rompa go raibhe ród díobh go díreach
go dol gus an gcathriagh ndúthchais do bhí aca, ⁊ nach
raibhe guais ná baoghal san slighidh sin orra. Gidh eadh, do
bhí do dheónughadh dhóibh-sean go raibhe an dara ród mín
socair deaghmhaiseach, gidh eadh, go raibhe lán do ghuais-
ibh ladrann ⁊ meirleach ⁊ luchta éigin. Arna chlos sin don
bhráthair chríonna, do thogair triall san ród innill anshocair
do bhí rompa, tar a raibhe do dhoghraing ⁊ do dhocamhal

1. Ua Laoghaire, Peadar, *Seanmóin agus Trí Fichid I*, 1909, 163, 78-9, 147-8.

ann. Adubhairt an bráthair leamh, 'guidhim thú (ar sé) ná cuir an t-olc sin ort féin, ach triall san ród réidh, tar a bhfuil do ghuaisibh innte. Oir atá dóigh agam, maille ré congnamh Dé, go bhféadfam dul tar na guaisibh sin.' Agus tug an bráthair críonna aonta ris sin. Agus ní cian do-chuadar san ród fhairsing réidh aoibhinn sin, an tan tarladar ladrainn riú, ⁊ do feannadh agus do forghonadh leó sin iad. Agus do bhádar i láimh aca, ⁊ iad ceangailte, ar tí a mbásuighthe ⁊ a gcora i ndeirc dhoimhin dá bhfolach. Tug an bráthair críonna a mhallacht don bhráthair leamh agá rádh gurab tréna leimhe-sean, iar dtogha an róid roi-leathain sin, tarla san ghuais sin é. Fragrais an bráthair amadánta, ⁊ adubhairt, 'mallacht ort-sa (ar sé) ⁊ is córa a chion sin do bheith ort-sa ioná oram-sa do bhríogh gurbh fheasach thú gurbh amadán mé, ⁊ uime sin nár chóir dhuit creideamhain damh, ná mo chomhairle do dhéanamh.' Go fáthach, is iad an dá bhráthair se an t-anam agus an corp; an t-anam an bráthair críonna, dá bhfoillsigheann an réasún maith do dhéanamh; an bráthair leamh an corp, nach iarrann acht sáimhrighe ⁊ sádhaile d'fhagháil dó féin. An dá ród tarla dhóibh, go fáthach, slighe na subháilceadh, 'na mbí doghraing ⁊ dochamhail, is ród díreach do dhuine dá dhúthaigh féin, .i. go neamh. An dara ród, bhíos leathan fairsing aoibhinn, slighe na n-ainmhian, ar a mbíd aimsighthe an diabhail ar beilgibh buaidheartha na n-olc, ar tí an duine d'fheannadh ⁊ do chréachtnughadh lé créachtaibh marbhthacha an pheacaidh. Agus na haoghairidhe lér seóladh an chonair dhóibh, préaláide ⁊ príomh-ughdair na heagailse bhíos ag síoladh ⁊ ag seanmóir shlighe na haithrighe don duine. Agus is eadh chialluigheas an aonta thug an bráthair críonna don bhráthair leamh, ré triall san ród réidh 'na raibhe guais, mar shásadh dá bhráthair leamh, an aonta dobheir an t-anam don chorp gona ainmhianaibh, an tan is leasg leis slighe na subháilceadh ⁊ ród na haithrighe, 'na mbí doghra ⁊ docamhal, do leanmhain; ⁊ aontuigheas, mar shásadh don cholainn, ród leathan na locht do leanmhain, tar a mbí do ghuaisibh ann; ionnus go dtig dhe sin an t-anam ⁊ an corp do theagmháil i n-orlamhas an aidhbhirseóra, ⁊ go bhfeanntar iad, an mhéid go mbeantar a subháilce dhíobh, ⁊ go gcréachtnuighthear iad 'na gcéadfadhaibh, ⁊ go marbhthar ainn-séin iad, 7 go dteilgthear i n-uaimh uaith-bhéalta ifrinn iad.[2]

Ach ní ón *Liber de Septem Donis* a fuair an Céitinneach an scéal seo, faoi mar a mhaíonn sé ina thosach thuas, ach ón *Scala Coeli* mar a n-admhálann an t-údar an bhunfhoinse:

Legitur in Libro de Septem Donis Spiritus Sancti quod fuerunt duo fratres, unus prudens et alter fatuus. Qui ad longinquam regionem accedentes; dum in via a pastoribus sunt edocti quod duas vias haberant: unam asperam sed securam, aliam planam sed latronibus plenam. Tunc cum sapiens elegisset asperam et stultus planam et deliciosam, victus sapiens precibus stulti cum eo per viam planam incessit. In qua dum fuissent capti a latronibus, vulnerati et spoliati, et dum ducerentur ad morte, dixit sapiens stulto: 'Maledictus sis quia duxisti me ad hanc viam.' Tunc respondit fatuus: 'Maledictus sis tu quia secutus es me, cum scires me esse fatuum.' Et sic percussi a latronibus ambo perierunt. Isti duo fratres sunt corpus et anima, unde anima est tanquam sapiens frater, corpus vero est tanquam stultus. Et ambo accedunt ad patriam vel peregrinationem eternam. Et quia occurrunt eis due vie, scilicet penitentie, paupertatis et amoris Dei que est via aspera, et via deliciarum, divitiarum et bonorum que est lata et plana via et in qua morantur latrones infernales; pastores id est prelati et predicatores consulunt ut incedamus per primam et consideramus secundam, tunc anima que est frater sapiens elegit penitentiam. Corpus vero quod est frater fatuus et diligit pulcritudinem ornamentorum et vanitatem leticiarum, irregularitatem lasciviarum, elegit viam planam deliciarum. Et tandem suis affectionibus, suis motibus sic trahit animam ut ducat eam secum. Et cum sunt spoliati omnibus virtutibus, omnibus meritis Sanctorum, omnibus suffragiis ecclesie, et sunt vulnerati per infinita peccata, dum trahuntur ad divinum judicium, anima maledicit corpori et corpus anime, et sic ambo adjudicantur damnationi eterne. (431) [3]

2. Bergin, Osborn (eag.), Séathrún Céitinn, *Trí Bior-Ghaoithe an Bháis,* Baile Átha Cliath 1931, ll. 9611-9663.
3. Johannes Gobi, *Scala Coeli*, eagrán CNRS, An Bheilg, 1992.

Dar ndóigh, téann préamhacha an scéil seo siar go meafar na slí i Soiscéal Mhatha: 'Téigí isteach tríd an doras cúng, mar is fairsing an doras agus is leathan an bóthar a sheolann chun léirscriosta, agus tá mórán a ghabhann an tslí sin isteach. Ach is cúng an doras agus is caol an bóthar a sheolann chun na beatha, agus is iad an beagán a aimsíonn é. (7:13-14)

Is é an meafar céanna is bun leis an gcéad leabhar Gaeilge a tháinig ó chlóphreas na mbráthar sa Lováin sa bhliain 1616: *Desiderius:* 'dul ón oilithri-si dá ndúthaidh fhíre, go flaitheamhnas'. 'Sé an bóthar leathan a lean filí ár linne féin, ar aithris *On the Road* (1958) Jack Kerouac; agus is é bóthar cúng an tslánaithe phearsanta a leanann scata ar an aimsir seo, ar aithris *The Road less Travelled* de chuid M. Scott Peck.

Tá leagan foirfe den scéal céanna le fáil mar chuid den scéal cráifeach 'Fear na gCártaí agus an Fear Mór' in eagar ag Seán Ó Súilleabháin in *Béaloideas* 22 (1952):

Tháinic siad chuig bóithrín cumhang cam crotach, a's bhí bóthar mór leathan díreach leis i n-áit eile. Bhí aingeal ar an mbóithrín cam a's claidheamh soluis ina láimh aige.

'Anois,' arsan fear mór, 'sin é an bóthar go dtí na Flaithis, 's ní féidir le duine ar bith dul annsin ach tríd an mbás. Anois,' ar seisean leis an bhfear eile, 'beidh mise ag imtheacht uait, a's ní fheicfidh mé thu aríst go ceann seacht mbliadhna. Tiúbhraidh mé cóirle dhuit sula scaraidh mé leat anois. Má bhíonn dúil agat i n-imirt 's i n-ól 's i ndroch-chóluadar, beidh tú i gceann eicínt den dá áit eile a thaisbeán mé dhuit.'

Leis sin, d'imthigh sé ón stócach. Bhí sé ina lá geal nuair a tháinic an stócach abhaile chun a thighe féin. D'athruigh sé a bhéasaí uaidh sin amach, agus bhí sé deagh-mhóideach cneasta go deire a shaoil.

Ní haon ábhar iontais dúinn é go mbeadh scéalta ón *Scala Coeli* le fáil i dtraidisiún na Gaeilge ón 17ú haois amach nuair gur ó luathré na heaglaise in Éirinn, is cosúil, a thiomsaigh Johannes Gobi scata dá bhfuil i *Scala Coeli* an 14ú haois, go háirithe na scéalta san a bhfuil scailéathan, áibhéil agus méaldrámatúlacht an bhéaloidis ag baint leo. A leithéidí seo a leanas, mar shampla:

247. Legitur in Libro de Vita et Perfectione Fratrum
Predicatorum quod duo boni fratres in montibus Hybernie,
qui viam invenire non valentes, dum aspicerent ante se
viderunt quendam hominem parve stature, quem cum
vocassent fugere eos cepit ...

(Léitear i leabhar bheatha fhoirfe na nDoiminiceánach go raibh
beirt bhráthar mhaithe ag spaisteoireacht i sléibhte na hÉireann
agus é ag dul dóibh an bóthar d'aimsiú. Agus nuair a fhéachadar
rompu chonaiceadar fear beag a thosnaigh ag teitheadh uathu nuair
a ghlaodar air ...)

543. Legitur quod quidam furatus fuit ovem; cumque non
inveniretur quis fecisset, beatus Patricius in presentia
omnium sic ait: 'Precipio in virtute Dei ut ovis balet in ven-
tre ejus qui eam comedit.' Et statim balatum dedit.

(Léitear gur goideadh caoire áirithe; nuair ná fuarthas amach cé
dhein an ghoid labhair Pádraig naofa go poiblí mar leanas: 'Guím
go ndéanfaidh an chaoire méileach i mbolg an té a d'ith í. Agus
láithreach bonn dhein sí méileach.)

940. Legitur in Libello Purgatorii sancti Patricii quod dum
quidam hermita staret in quodam monte, juxta quem
demones congregabantur in qualibet nocte ...

(Léitear i leabhrán Phurgadóir Naomh Pádraig faoi dhíthreabhach
áirithe a bhí ar shliabh áirithe gur bhailigh na deamhain i ngaireacht
dó oíche amháin ...)

556. Legitur quod cuidam affectans scire differentiam hon-
oris presentis miserie et supreme glorie, dum rogasset Deum
ut minimam scintillam sibi ostenderet, per angelum Dei fuit
ductus ad viridarium in quo audita voce philomene. Dum
stetisset ibi per quingentos annos, visum fuit sibi quod non
fuit per horam et reductus ad monasterium ex prelatione
abbatis illius temporis repertum est quod diu steterat, licet
ipse diceret se illo mane ivisse.

(Léitear go raibh duine áirithe ag iarraidh a fháil amach cén difríocht a bhí idir ainnise an tsaoil seo agus an ghlóir shíoraí agus nuair d'iarr ar Dhia an éachtaint is lú a thaispeáint dó, gur seoladh le haingeal Dé é go dtí gairdín inar chuala sé guth na cuaiche. Cé go raibh sé ansan ar feadh cúig chéad bliain ba dhóigh leis féin nach raibh uair an chloig ann fiú. Nuair a seoladh ar ais chuig an mainistir é fuarthas amach ó abb na linne sin gur tamall fada a bhí i gceist, cé go ndúirt sé féin gur ar maidin a chuaigh sé ann.)

Scéal idirnáisiúnta é seo, ar ndóigh, cláraithe ag Aarne faoi uimhir 471A; *The monk and the bird. Years seem moments while man listens to song of bird.*

Is i leith Mochua agus Chaoimhín a chuirtear an eachtra seo de ghnáth i naomh-scéalaíocht na hÉireann: Mar seo a bhíonn i gcás Chaoimhín:

> Do ghabh Caoimhghin ré nais tré chruas crabaidh gach corghus do dhenamh a ccró caolaigh, 7 leac ghlas mar leabuidh faoi, 7 as é ceól na naingeal do budh proinn dó; 7 do chaithedh caoicios ar mhí marsin. Agus corghas da raibhe amhlaidh sin, tainig lon on choill don chro, 7 toirlingis ara bhois, 7 é 'na luighe aran lic, 7 a lamh sinte uaidh amach; 7 congmhuis a laimh marsin, go nderna an lon nead innte, 7 go ttug enlaithe amach.[4]

Agus is ón scéal seo a thug Séamus Heaney ceann de na dánta is annsa leis féin:

ST. KEVIN AND THE BLACKBIRD

And then there was St. Kevin and the blackbird.
The saint is kneeling, arms stretched out, inside
His cell, but the cell is narrow, so

One turned-up palm is out the window, stiff
As a crossbeam, when a blackbird lands
And lays in it and settles down to nest.

Kevin feels the warm eggs, the small breast, the tucked
Neat head and claws and, finding himself linked
Into a network of eternal life,

4. Plummer Charles, *Bethada Náem nÉrenn* 1, 1922, 159-60.

Is moved to pity: now he must hold his hand
Like a branch out in the sun and rain for weeks
Until the young are hatched and fledged and flown.
                                        (*The Spirit Level*, 20)

Alltacht agus gliondar agus geit an iontais anseo i ndán Heaney
is cuid de *mysterium tremendum* chumhacht Dé é agus tá sé le fáil
chomh maith i ndán eile dá chuid, fáiscthe as iontais na naomh-
scéalaíochta. An bunscéal Gaeilge ar dtús:

Lá n-aen robádar muintear Clúana a n-oireachtus for urrlár
na cille. Amal bádar ann for a ráithsechaibh co facatur an
long fa seól úaistibh isinn aer, ocus sí ag siubhal amal beth
forsan fairgi. Otcíat íaramh lucht na luingi an t-oirechtus 7
an airteibh fuithibh, cuirit iarumh an acaire amach .i.
leanaidh an t-acaire thís for urlár na hecailsi, cor gabhsat na
cléirigh hé. Tig fear anúas asan luing a ndeghoidh an acaire
7 mar budh uisgi dó, is amlaidh bói oc snámh, co ríacht an
acaire go beirt tis é íarumh. 'Ar Dia frib! Légidh úaib mé!'
ol sé, 'úair atáthur ocum báthadh agaibh'. Luid úaithibh
íarsin for snámh isin aer cédna 7 a acaire lais.[5]

THE MONKS OF CLONMACNOISE

The annals say: when the monks of Clonmacnoise
Were all at prayers inside the oratory
A ship appeared above them in the air.

The anchor dragged along behind so deep
It hooked itself into the alter rails
And then, as the big hull rocked to a standstill,

A crewman shinned and grappled down the rope
And struggled to release it. But in vain.
'This man can't bear our life here and will drown,'

The abbot said, 'unless we help him.' So
They did, the freed ship sailed, and the man climbed back
Out of the marvellous as he had known it.
                                        (*Seeing Things*, 62)

5. Bergin, Best, Meyer, O'Keeffe, *Anecdota from Irish Manuscripts* III, 1910, 8-9.

An t-iontas céanna atá in úsáid ag Angela Bourke ina cnuasach gearrscéalta *By Salt Water* le trachtaireacht a dhéanamh ar mheon ár linne féin:

DEEP DOWN

I told Liam a story last night. His hand was on my stomach under my dress and I thought it might make him stop. It wasn't that I didn't like it. His hand was huge. I couldn't get over the size of it, but it was warm. The eyes were the same as I remembered. Brown eyes that kept on looking at me after I thought he'd looked away, so I started to tell him about this thing that happened hundreds of years ago, a story I often think about since I heard it. It's in a manuscript, but it happened not far from my own home – a place called Clonmacnois, on the Shannon. A lot of medieval things happened there.

It was in a church, with a whole crowd of people and a priest saying Mass, just after the Consecration, and the people heard a terrible racket, like something dragging along the roof. They all ran out and looked up, and there was a boat up there in the sky. And ordinary boat, like you'd see on the sea, or on a lake, but it was up above the roof of the church, just hanging in the sky. They were looking at the bottom of it. The light is very clear in Clonmacnois, especially when the river floods.

The anchor was caught in the church door. It was on the end of a long rope coming down through the air, and it was caught in the door they had just come out through. That's what the noise was.

There must have been a terrible commotion. You can imagine them all standing around in the cold with their red faces looking up, but the next thing was a man with no clothes on, just some kind of cloth, swimming down towards them from the boat to get the anchor loose. I have to hold my breath just thinking about it. I'd have been scared stiff.

Some of the men grabbed him and held on to him. He was fighting to get away, but then they had to let him go. He said 'You're drowning me,' and they could see they were, so they stood back and he flew up away from them.

His own people dragged him into the boat up above, and off they went, away across the sky the way they'd come. I often wonder if any ancestors of mine were there. They all went back into the church, and the priest finished Mass. They always have to, I believe. It must have been hard for them, coming out at the end, not knowing if the world was changed, or only them.

Seo taobh suáilceach eagla an Tiarna, an taobh san a chothaíonn an dóchas, an mhuinín agus an mheasarthacht ionainn, mar a mhaítear in Deot. 6:2: 'Má bhíonn eagla an Tiarna do Dhia ort … beidh fad saoil agat …'

Ach d'fhonn smacht a choimeád ar phobal Dé is é bua eile na heagla atá i réim i dtraidisiún na seanmóireachta ar aithris Phóil ina litir chuig na Filipigh: 'saothraígí bhur slánú faoi uamhan agus faoi eagla' (2:12). Agus níl dabht ná gurb é sin atá laistiar de chur chuige Aodha Mhic Aingil in *Scáthan Shacramuinte na hAithridhe* agus b'áil leis daoine a scanrú ina mbeathaigh d'fhonn iad a bhrostú chun aithrí a dhéanamh: 'As aithne dhamh', ar sé, 'gurab mór mheallus an diabhal dár ndúithigh féin … 7 as uime sin do chuireas na sompladha sa ann so do chor criothnuighthe orra.' (2784-6). Agus is maith mar a aimsíonn sé an sprioc san lena chuid samplaí agus údarás aithreacha na heaglaise laistiar dóibh go minic. Seo mar atá aige faoi thoradh uafásach na haithrí moille, scéal áibhéileach, apacailipteach lán sceimhle is foréigin:

'Scríobhuidh S. Aibhisttín sompla ró-uathbhásach bheanas risan ádhbhar so.'Do bhí duine áiridhe ann', ar sé, 'aga raibhi iomad saidhbhris 7 cloinni, 7 nír lugha léna pheacadhuibh, ór ní smuaineadh ar ní ar bith achd ar é féin do shásughadh lé holcuibh gan luadh ná rún fillti uatha. Rug tinneas an bháis air, 7, iar mbeith dhó a bpunc an bháis, do stad an t-anam maille ré huathbhás n-ádhbhal 7 ré critheagal mhór gan an corp d'fhágbháil do bhrígh go bhfacaidh na deamhuin ag feitheamh ris ar tí a fhuadaidh riu go hiffriond ar ball tar éis sgaraidh risan ccorp dhí. Ad-chuala fós iad ag fiafruighe dá chéile, 'Créud é fáth na moille sin? nó cionnus dob éidir gan an t-anam d'fhágbháil an chuirp nías luaithi iná sin?' 'Déineam deithfir', ar cuid díobh, 'd'eagla go ttiocfadh Micheal gona chomhluadar 7 go mbrisfeadh sinn 's

> go mbeanfadh dínn an t-anam sa atá an fad sa do bhliadhnuibh 'nar nglassuibh.' 'Ná bíodh eagla oraibh', ar diabhal oili. 'Atá fios oibrightheadh an fhir si agamsa, ór do bhádhas d'oidhche ⁊ do ló riamh 'na fhochair.' Iar ccluisttin an chomhráidh si don anam bhochd, adubhairt ré féin: 'Uch, uch, as truagh rugadh mé. Uch, uch, as truagh do geineadh mé. Uch, as mairg dhamh táinig riamh san ccurp sa. Uch, as mairg do bhí san phríosún bhrén sa, ⁊ a mhairg dhuit, a chuirp bhoichd. Créd fár fhuaduigh tú cuid na comharsan? Créd fár chruinnigh tú cuid na mbochd chugad féin? Do bhítheá ag ithi biadh mblasta ⁊ misi fá ghorta; do bhítheá ag ól fhíona uasail ⁊ misi lán do thart; do chuirthea édach áluinn ort féin ⁊ do bhínnsi nochd gan édach grás ná subháilceadh; do bhítheá ramhar ⁊ misi trúadh; do bhíthea súbhach ⁊ misi tuirseach; tusa lán do gháiridhibh ⁊ misi lán do ghul; do-rínis an uile ní ríamh contrárdha dhamhsa. Biaidh tú anois tamall ad bhiadh cnumh ⁊ ad luaidh lobhtha bhréin, ⁊ fá dheireadh bérthar um dhiaidh-si go hiffrionn thú dod phíanadh go síordhuidhe.' … Iar mbeith dhó mar so dá chaoineadh féin go truagh tuirseach, do theilgiodar na hainspioraid é síos go dorus iffrinn, ⁊ do ghlac an diabhal a bhfioghair dragúin theintidhi 'na chraos adhuathmhar é ⁊ do sgeith é san loch theineadh do bhí faoi ina ccuirfe an uile anam eile leanfas a lorg. (1415-1480)

Is uafásaí fós na scéalta aige futhu san a cheileann trí náire cuid dá bpeacaí sa bhfaoistin:

> Léighmíd go roibhi duine áiridhi roshaidhbhir ann ⁊, fós, go raibhi 'na fhírénach, ⁊, gé go roibhi bean aigi, ní fhuair clann ar bioth aisti. Do chuireadair araon a nguidhe go dúthrachdach dochum Dé fá ghein cloinne d'fhagháil ar eachd a thoirbheirt d'órd crábhaidh ina mbíadh ag moladh Dé feadh a bheathaidh. Fuaradar ó Dhia mac, ⁊ d'oiliodar é go haois n-iomchubhaidh, ⁊ tugadar ann sin é do réir a ngealluidh d'órd chrábhaidh; agas 'na dhiaigh sin thugadar iad féin go hiomlán do sheirbhís Dé ag tabhairt a maoine uile do bhochduibh ⁊ ag dénamh troisgthe ⁊ urnuighthe do ghnáth. Fuair an fear bás ⁊ tárla don mhnaoi tré ainmhian na colla go ttug grádh d'óglach dá muinntir féin agus gur chionntuigh

ris ⁊ gu rug mac dhó, ⁊ comhluath ⁊ rug é do mharbh é ⁊ do adhlaic é fána leabuidh. Do rug fós an dara leanabh ⁊ do-ríne an ní cédna ris. Do smuain sí uire féin fá dheóidh nách roibhi fána coinne achd damnughadh síorrdhuidhe trésan ulc sin muna múchadh é ré deaghoibrighthibh, ⁊, dá bhrígh sin, do thionnsgain arís beatha bheannuighthe dhiadha, ⁊ do bhí ní as cráibhthighi go mór iná roimhe sin; gidheadh, tug náire uirre gan an peacadh gránna sain do chor a bhfaoisidin gé go ccuireadh síos gach peacadh eile da ndérna maille ré tuirsi ⁊ ré déraibh. Fuair bás, agas do damnuigheadh go hiffrionn í. Iarr ccloistin a báis dá mac do bhí a n-órd chrábhuidh, do ghéruidh ar a ghuidhe ⁊ do-ríne díthchioll spesiálta troisgthi ⁊ deaghoibrightheadh eile ar anam a mháthar. Táinic an mháthair bhochd dá thaisbénadh féin don mhac ⁊ dá dhrágún nimhe as a cíghibh, ag gul ⁊ ag dortadh dér, ⁊ adubhairt, 'As díomhaoin dhuit, a mhic, bheith ag guidhe orumsa, ór atáim damanta go síordhuidhe do bhrígh gur cheilios an peacadh gráineamhail do-ríneas tré náire gan a chor san fhaoisidin, gé go ccuirinn an chuid eile dom pheacadhuibh síos maille ré déruibh ⁊ ré rún gan a ndénamh arís.' ⁊, iar rádh na mbriathar sa dhi, do imthigh go háras na bpían ina mbia 'gá píanadh an feadh bhías Dia a nglóir. (2667-99)

Mar bhuaic leis an tsraith seo leanann an sampla cáiliúil seo:

Léighmíd fós sompla eile as uathbhásuighi iná so bheanas risan n-ádhbhar so. Do bhádar días bráthar ag gabháil sligh-eadh áiridhe; do bhí fear aca 'ina phenitensiarius 'gan bpápa, as é sin ré a rádh, 'na dhuine 'gá roibhi comhachd spesiálta ón phápa absolóid do thabhairt isna huile pheacadhuibh, ⁊ an fear eile 'na dhuine shimplidhe naomhtha …

Tá san dílis go maith don bhunfhoinse san *Scala Coeli*:

Audivi a quodam predicatore fide digno quod semel dou predicatores ibant per viam, quorum unus erat penitenciarius domini Pape et sanctus homo et alter erat multum ignoscens et pius …

Difríocht shuntasach idir an dá leagan, áfach, ná gur 'Léighmíd'

('Legitur' na Laidine) atá againn sa téacs Gaeilge agus gur scéal
chruthanta béaloidis atá againn ó Johannes Gobi (*audivi / chuala
mé*), a mhair i mbéaloideas na hUngáire go dtí tús na haoise seo
féin.[6] Maidir le foinse an scéil seo, an seanmóirí ónar chuala Gobi
é, tá fianaise inmheánach ann, is dóigh liom, a chomharthaíonn gur
Éireannach a bhí ann. Seo an cur síos ar chuid de phianós ifrinn a
théann i gcosúlacht go mór leis sin in *exemplum* 339 faoi chúrsaí
rince:

> Tercia die apparuit eis mulier equitans super draconem, et
> duo serpentes crudeles angentes collum ejus sugebant ejus
> ubera, duo bufones terribiles erant super ejus oculos, ac de
> ore ejus ignis sulphureus expirabat; duo canes devorabant
> manus ejus crudeliter ...
>   Super eos pluebat continue ignis sulphureus et paulatim
> dracones qui in medio coree stabant, scindebant viscera
> eorum et devorabant. Tandem in fine illius circuli erant duo
> lupi crudelissimi et eradicantes brachia illorum qui erant in
> corea ...

Ach scéal de chuid na hÉireann é seo go bunúsach a fuarthas sa
Liber de Septem Donis:

> Legitur in Libro de Septem Donis Spiritus Sancti quod
> quidam juvenis monachus ingressus est Purgatorium beati
> Patricii, et dum inspexisset ibi horribilia et terribilia tor-
> menta ...

Bhí an 'Irish Precursor of Dante', faoi mar a mhaíonn scoláire
amháin,[7] le fáil i bhfíseanna na Gaeilge, agus tá an chuma ar an
scéal go bhfuil foinsí scata de na hexempla coitianta sna mórbhail-
iúcháin ón 13ú haois amach le fáil sa scéalaíocht dhúchais chomh
maith.

Is suimiúla fós stair agus tionchar an leagain Ghaeilge. Mar seo
a leanas a mhíníonn bean na físe pianta éagsúla ifrinn:

> Atáid an dá thód so ag ithi mo shúl a n-éiric na n-amharc
> cclaon mailíseach. Atáid na saighde tineadh so trém chluasuibh

---

6. Féach, Gari, Margit, *Le vinaigre et le fiel*, 1983, 148-9.
7. Boswell, Charles Stuart, *An Irish Precursor of Dante*, 1908.

a n-éiric an chiúil cheóllaidhe do-chluininn, na mbriathar
neamhghlan adeirinn, 7 an ithiomráidh do éisdinn. Atáid an
dá nathair nimhe si ar mo chíochuibh a n-éiric an ghlacaidh
thruaillidhe do léiginn do dhénamh orra ...

Bhí dráma uafásach na físe seo chomh héifeachtach san gur
deineadh é a fhorbairt ina eachtra mhéaldrámata i bh*Fís Mherlino*.
An téarmaíocht cheannann chéanna atá in úsáid ag an Spiorad
Eolach agus é ag míniú do Mherlino an pionós atá i ndán do lucht
na drúise:

'Ag sud', ar an Spiorad Eolach, an drong do fuair bás i
bpeacaidh na drúisi ... agus an lasair úd dochí tu as a suilibh,
atá i n-eiric na n-amharc claon máiliseach do bheiridis ar
fearaibh neamhphósta. Agus na diabhail creinmeacha úd
dochí tu ag súgh agus ag diúl a gcioch, atáid i n-eiric na
glacaireacht thrúaillidhe d'fhulaingeóidís a dheanamh orra
ar a gcuirp agus ar a gcroicionn ...'[8]

Táthar den dtuairim gur faoi thionchar na bProinsiasach Éireann-
nach i bPrág a cuireadh friotal rómánsúil, eachtrúil *Fís Mherlino* ar
an *exemplum* cáiliúil seo de chuid na meánaoise agus na manaigh
ag cur polasaí scoil na Ghaeilge sa Lováin i gcrích:[9] is é sin, an
chuid ab fhearr de léann cráifeach na linne a chur ar fáil do mhuin-
tir na hÉireann ina dteanga féin. Agus b'fhéidir a áiteamh fós ó
shaothar cráifeach Sheáthrún Céitinn gur ghnách le scríbhneoirí
cráifeacha na Gaeilge an toradh Eorpach seo ar a gcuid oiliúna a
ghearradh agus a shnoí lena chur in oiriúint do mhodhanna
dúchasacha na scéalaíochta. Seo, mar shampla, an scéal aige a
léiríonn conas mar a shaorann an t-aifreann an duine ó bhaol báis:

Léightear, fós, go raibh duine uasal d'áirighthe ag fágháil
bháis, agus go dtug de theagasg d'á mhac trí neithe do
choiméad. An céad nidh dhíobh, gan bheith i gcaidreamh ná
i gcómhluadar droch-chuideachtan. An dara nidh, Aifrionn
d'éisdeacht gach laoi. An treas nidh, é féin do chur in
oireamhuin do na deaghdhaoinibh. Agus in a dhiaigh sin do

8. *ZCP IV*, 1904, 416.
9. Flower, Robin, *Catalogue of Irish manuscripts in the British Museum II*, 1926,
338.

fhágaibh sé cúram an mhic ar rígh na críche in a raibh. Do
ghlac an rígh an macaomh go honórach, agus do bhí fá cion
aige. Do bhí, iomorro, feadhmannach formadach ag an rígh,
agus de líon sé de thnúth ris an macaomh ar mhéid an cheana
do chonnairc air, ionnus go ndeárnadh tuaithleas agus trom-
uidheacht air ris an rígh, annsacht antoile do bheith aige do'n
bhainríoghan, 7 d'á dhearbhughadh gur bhfíor an sgeul sin,
an tan do bhiadh brón nó dólás ar an mbainríoghan go
mbiadh-san lán de dholás léi ar mhéid a ghrádha dhi. Dála
an righ, go grod ina dhiadh sin, ar mbeith dhó ag comhrádh
ris an mbainríoghan, do bhuail sé bas cruaidh ar a leacain
uirre, ionnus gur ghuil sí. Ar n-a fhaicsin sin do'n mhac-
aomh, do ghuil sé go hobann ar a chómhair tré rói-mhéid a
ghrádha dhi. Gidheadh, ní grádh mailíseach do bhí aige dhi,
amhuil adubhairt an feadhmannach. An tan do chonnairc an
rígh sin, do thuig gur bhfíor gach nidh d'á ndubhairt an
feadhmannach, 7 do fhiafraigh de cionnus do chuirfeadh
chum báis an macaomh go foluightheach. Adubhairt an
t-aimhleasach gur mhaith an gliocas do'n righ fios do chur
ar lucht aoil do losgadh do bhí aige i gcoill dhiamhair láimh
ris an mbaile, agus a fhógradh dhóibh an chéad duine do
thiocfadh in ainm an rígh d'á n-ionnsaidhe, do theilgeann
d'á losgadh 'san tsoirnéis teinntigh imeasg an aoil, agus rún
do dheunamh ar an ngníomhsan. Dála an righ, do chuir sé an
macaomh go moch ar na mhárach le gnóthaibh go lucht an
aoil do losgadh; agus, ar mbeith dhó ag triall trés an gcoill
do bhí roimhe, do chualaidh sé clog an Aifrinn ag á bualadh
i séipéal beag do bhí láimh ris an slighe, agus, ar na chlos dó,
do chuaidh d'á fhios, 7 do fhan ag éisteacht an Aifrinn no
gur chríochnuigheadh é. Iomthusa an fheadhmannaigh, do
lean sé go moch an macaomh 'san gconair cheudna d'eagla
nach diongantaoi cómhairle an rígh ris, agus do budh luaithe
é go lucht an aoil do dheunamh ioná an macaomh, agus do
fhiafraigh díobh a ndeárnadar an nídh adubhairt an rígh riú
do dheunamh. Adubhradar-san nach dearnadar fós, acht go
ndiongnadaois gan mhoill é. Leis sin, do ghlacadar an
feadhmannach go hobann, agus do theilgeadar 'san tsoirnéis
teinntigh d'á losgadh é; agus an tan tháinig an macaomh d'á
n-ionnsuidhe, ní dheárnadar dioghbháil ar bith dhó. D'fhill
an macaomh tar a ais mar a raibh an rígh agus do fhiafraigh

an rígh sgeula de, agus do innis-sean a sgeula agus a
iomthusa féin ó thús go deireadh dhó, amhail a dubhramar.
Ar leanmhain an sgéil go hiomlán do'n rígh, do innis an
macaomh dó na cómhairleacha-san thug a athair dó, agus
mar a dubhairt a athair leis Aifrionn d'éisteacht gach laoi,
agus gur mheas gurab de thairbhe na gcómhairleach sin agus
de bhuadhaibh an Aifrinn tháinig a shaoradh ó bhás. Ar n-a
chlos sin do'n righ, do thuig gur cealg do righne an
feadhmannach ar an mbainríoghain agus ar an macaomh,
agus do thréig sé an míodhóchas do bhí aige asta roimhe sin.
Is iontuigthe as an sgeul so go bhfóireann an t-Aifrionn
duine ó bhás obann.[10]

Scéal cruthanta béaloidis idir ábhar agus stíl atá anseo againn:
móitifeanna na héagóra, na comhcheilge, na camastaíola agus na
cinniúna; faoi dheilbhíocht chrutanta foirmlí, is tréanna is
codarsnachtaí. Stíl thíriúil bheoga í seo a shaothraigh an Dr. Céitinn
d'aonghnó nuair d'oir san dá chúram seanmóireachta, agus tá sé le
tuiscint óna mhórshaothar cráifeachta, *Trí Bior-Ghaoithe an Bháis*,
gur ag leanúint de lorg Thomas More ina thráchtas san, *On the four
last things,* a bhí sé sa mhéid seo. Seo a leanas, mar shampla, cur
síos masmasach an Chéitinnigh ar bhréantas an choirp mhorgaigh
iarbháis:

Is amhlaidh iomorra mharbhthar an cholann gona céadfadh-
aibh, a mothughadh 7 a maise, a gné 7 a gluasacht, a lúth 7
a láthar do bhuain di, 7 a fágbháil 'na hablach ainmheach
easbadhach urghránna adhuathmhar, ar thráigh na talmhan,
mar is follus d'fhior a feithmhe nó a féagsana. Óir do-chífe
an corp ar gcruadhughadh 7 ar gcomhfhuaradh, na baill ar
siabhradh 7 ar seargadh .i. na lámha ar gcrapadh 7 ar
gcaolughadh, na cosa 'na spairtibh splíonuighthe amhail
easglanna iomthroma, an béal arna bhán-ghormadh 7 an
déad arna dubhadh, na gruaidhe arna nglas-bhánadh 7 na
súile arna sloghadh, an t-éadan 7 an aghaidh ar n-odhradh,
an tsrón arna caolughadh 7 arna cuas-dhúnadh, na cluasa ar
dtanughadh 7 ar dteimhliughadh, an folt ar dtrothlughadh 7
ar dtuitim.

10. O'Brien, Patrick (eag.) *Eochair-Sgiath an Aifrinn*, 1898, 114-5.

Liostáil áibhéileach ar an gcuma chéanna a bhaineann an anáil
den léitheoir atá i gcur síos More:

> For there seest thou, not one plain grievous sight of the bare
> bones hanging by the sinews, but thou seest (if thou fantasy
> thine own death, for so art thou by this counsel advised),
> thou seest, I say, thyself, if thou die no worse death, yet at
> the leastwise lying in thy bed, thy head shooting, thy back
> aching, thy veins beating, thine heart panting, thy throat
> rattling, thy flesh trembling, thy mouth gaping, thy nose
> sharping, thy legs cooling, thy fingers fumbling, thy breath
> shortening, all thy strength fainting, thy life vanishing, and
> thy death drawing on.[11]

Tá an cur síos ar leaba an bháis ag More lán d'uafás agus de
sceimhle agus de ghreann dubh *ars moriendi* na meánaoise:

> Think ye not now that it will be a gentle pleasure, when we
> lie dying, all our body in pain, all our mind in trouble, our
> soul in sorrow, our heart all in dread while our life walketh
> awayward, while our death draweth toward, while the devil
> is busy about us, while we lack stomach and strength to bear
> any one of so manifold heinous troubles, will it not be, as I
> was about to say, a pleasant thing to see before thine eyes
> and hear at thine ear a rabble of fleshy friends, or rather of
> flesh flies, skipping about thy bed and thy sick body, like
> ravens about thy corpse, now almost carrion, crying to thee
> on every side, 'What shall I have? What shall I have?' Then
> shall come thy children and cry for their parts; then shall
> come thy sweet wife, and where in thine health haply she
> spake thee not one sweet word in six weeks, now shall she
> call thee sweet husband and weep with much work and ask
> thee what shall she have; then shall thine executors ask for
> the keys, and ask what money is owing thee, ask what sub-
> stance thou hast, and ask where thy money lieth. And while
> thou liest in that case, their words shall be so tedious that
> thou wilt wish all that they ask for upon a red fire, so thou
> mightest lie one half-hour in rest.[12]

11. More, *Works*, eagrán 1931, I, 468.
12. *Idem.* 469.

Déanann an Céitinneach coiméide dhubh de dhráma na sochraide féin i bhfoirm filíochta:

> Béarthar thú le céathrar ar ghuailníbh id róimh,
> Is gléasfaid duit féin leabaidh fhuar-chaoil dómhain;
> Adéaraid lucht th'éagnaigh ag cruadh-chaoi deor,
> 'Cuir cré uirthi; créad é a gnó thuas níos mó?'
>
> Tréigfid do ghaol tú is budh truagh croidhe leo,
> Leigfid tú id aonar 'san uaigh faoi fhód,
> Tiocfaid péiste géara na dtuambaoi id chomhair,
> 'S do-ghéanaid ort féasta, is budh truaillidhe an sógh.
>
> Más déidheanaighe do chéile ná thú, a inghean óg,
> Do-ghéana sé i n-éagmais do ghuailní cóir
> 'S adéara go héadtrom, má smuainigheann ort;
> 'Céad beannacht léi-se! do chuaidh sí rómhainn.'[13]

Is as traidisiún sheanmóireacht na meánaoise, agus go háirithe as na *exempla* a eascraíonn an stíl mhuinteartha fhódúil seo agus í lán de ghreann tíriúil gáirsiúil an aonaigh. B'é an meán an teachtaireacht an uair sin, faoi mar atá lenár linn féin sna meáin leictreonacha: daoine a theagasc agus a mhúnlú trí mheáin na siamsaíochta, faoi mar a chomharlaigh Naomh Agaistín sa *De Doctrina Christiana*. Seo an chosaint atá ag Flaithrí Ó Maolchonaire ar shimplíocht na stíle aige féin ag tús an 17ú haois:

> Gidheadh, dá ndeachud oraind seacha so, anmaoid ríu ar rádha S. Aibhisdín, adeir: 'Créd an tarbha atá san eochair órdha muna osgailtear lé an ní iarrmaoid d'osgladh, an tan nách fuil d'fheidhm aguinn ría acht sin; nó créd fá budh ionbhéime eochair mhaide dá n-osgla an ní sin dúinn?'[14]
> (Quid enim prodest clauis aurea, si aperire, quod uolumus, non potest, aut quid obest lignea, si hoc potest, quando nihil quaerimus nisi patere, quod clausum est?)

13. Mac Giolla Eáin, Eoin, *Dánta, Amhráin is Caointe Sheathrúin Céitinn*, 1900, 35.
14. O'Rahilly, Thomas (eag.), Ó Maolchonaire, Flaithrí, *Desiderius*, Baile Átha Cliath 1955, 2.

Is é an seanrá seo de chuid Agaistín an ionspioráid do cheann de na dánfhocail is géarchúisí sa Ghaeilge, rud a thaispáineann, is dóigh liom, gurbh é Flaithrí Ó Maoilchonaire a chum:

Sagairt óir is cailís chrainn
Bhí le linn Phádraig in Éirinn;
Sagairt chrainn is cailís óir
I ndeireadh an domhain dearóil.[15]

Ar mhórán cúiseanna, toscaí na staire, dúthracht cráifeachta agus fiúntas liteartha, mhair scata d'ábhar deabhóide seo an 17ú haois sa bhéaloideas, maraon le scata *exempla* eile a dtéann a bpréamhacha i bhfad níos faide siar ná sin. Téann an scéal faoi bhfear a thréig an t-aifreann toisc dhrabhlás an tsagairt siar go dtí an *Gesta Romanorum* ón 14ú haois. 'An Bulldog Múr Madara' atá ar leagan an Bhlascaoid den scéal seo:

... Domhnach amháin do bhí seanamúin aige 'n sagart ar locht craois agus dí a dh'ól. Do bhí an fear bocht ag éisteacht leis er fheag tamail. Fé dheire do bhris er an bhfaidhne aige agus d'imi' sé an doras amach. 'Ní bhein badarálta' er seisean, 'le bheith ag éisteacht le plubaireacht 'on tsórt so'.

Níos déanaí nuair a d'fhéach sé laistigh de chlaí ar fhoinse an tsrutha as a raibh sé ag ól:

Ch'nuic sé bulldog múr madara agus a bhéal er leatha aige, agus sruth d'uisge chúrtha ghlan ag teacht amach as a bhéal.

I ndeireadh thiar seo an ceacht atá le foghlaim:

... a' bhfeacuís an sagart ó chianaibh, na brithir' a bhí ag teacht as a bhéal tá siad có cúhra is tá an t-uisge sin ag teacht as bhéal an mhadara. Umpuig er do sháil agus éist leis an n-Aifreann, agus tuir aire d'fhocal Dé.[16]

15. Ó Tuama, Seán agus Kinsella, Thomas, *An Duanaire,* Baile Átha Cliath 1981, 62.
16. *Béaloideas 8,* 59.

Tá scéal diamhair amháin sa Ghaeilge a dtéann a phréamhacha
siar go ré na seanmhainistreacha, go dtéann díom aon sampla eile
de d'aimsiú ach fós go bhfuil eilimintí cruthanta an bhéaloidis le
haithint air, agus ceisteanna fealsúnta agus polaitiúla folaithe faoi
chló na hallagóire agus an ghrinn ann: mar atá, ceist an
chlaochlaithe, ceist an chomhréitigh idir mainistir Dhruimnigh
agus mainistir Chroimlinne, agus aoir ar ghaisce na bhfear:

Fear óg a bhí ina abb i nDruimneach a d'ullmhaigh fleá mór
leis an gCáisc a chomóradh. Tar éis na fleá d'ullmhú dó
téann an fear óg amach as an mbuíon agus suíonn ar chnoc
ard aoibhinn a bhí os cionn an bhaile. Agus is amhlaidh a bhí
an fear óg sin agus hata lánmhaiseach lín éadach uma
cheann, agus léine den sróil ríoga lena ghealchneas agus
ionar suaithinseach maiseach thairis lasmuigh agus brat den
scarlóid dhúdhonn ag tonnaíl ina thimpeall agus claíomh
órdhoirn ina láimh agus ar theacht ar an dtulach dó chuir a
uileann ar an dtalamh agus thit ina chodladh. Agus nuair a
mhúscail sé as a chodladh an t-am a b'áil leis a chlaíomh a
ghabháil ní bhfuair ach arm mná ina ionad .i. coigeal. Agus
is amhlaidh a bhí agus scaird-léine mná uime go talamh agus
is é bhí ar a cheann folt mná i ndual caol forórga fíor-
mhaiseach faoi ghruaig a chinn agus an uair thug lámh thar
a aghaidh ní bhfuair coinleach féasóige uirthi agus chuir a
lámha idir a shleasa agus fuair comhartha bantrachta ann.
Ach níor chreid an fear óg na comharthaí sin agus ba dhóigh
leis gur imríodh damnú agus draíocht air. Ina dhiaidh sin
tagann bean mhór an tslí, í gléasta go modartha urghránna,
ina harrachtach greannach, glaslith gleannshúileach agus is
é a dúirt: 'A iníon mhín mhacachta mhongbhuí, canathaobh
a bhfuilir id aonar ar an dtulaigh seo i ndeireadh lae agus
tosach oíche? Agus ba dhúch déarach dobrónach a bhí sise ó
na scéalta sin agus dúirt: 'N'fheadar feasta cá raghaidh mé
nó cad a dhéanfaidh mé. Óir má théim abhaile ní aithneoidh
mo mhuintir mé agus má imím amach is baol do bhean aon-
air imeacht ina haonar. Dá bhrí sin is é is fearr dom dul faoin
domhan chun go dtabharfaidh Dia breithiúnas orm, óir is é
d'athraigh mo chruth agus mo dheilbh agus a chuir in
éagruth agus in ainriocht mé. Agus cé gur athraigh Dia mo
dhreach tugaim mo bhriathar i bhfianaise an Dúilimh nár

chrochas duine agus nár fheallas ar aoinne agus nár dheineas
sárú ar chlog ná ar mhionn ná ar bhachall agus nár chrás cill
agus ná dúrt olc le neach agus nár chuaigh aíonna díomách
óm' threabh ná óm' theaghlach riamh.'

D'éirigh ansin den gcnoc agus den dtulach taitneamhach
taobhálainn agus rinne nuallghubha neimhéalach agus caí
throm thuirseach agus is é a dúirt ag éirí den gcnoc: 'Is trua,'
ar sé, 'ná slogann talamh an tulaigh seo mise anois, óir ní
fheadar cá raghad ná cad a dhéanfad.' D'imigh roimpi ansin
thar fán an chnoic siar go dtáinig go faiche Croimlinne .i. cill
a bhí aniar ó Dhruimneach. Theagmhaigh sí ansin le hóglach
mór míleata ar fhaiche an bhaile agus thug an t-óglach grá
díochra dofhulaingthe di agus ghaibh á guí agus níor ghaibh
uaithi go ndeacha ina gnás agus ina caoifeacht agus tar éis
luí le chéile dóibh d'fhiafraigh an t-óglach den iníon cén
chríoch as a dtáinig agus cérbh í féin. Dúirt an iníon leis
nach bhfaigheadh a fhios sin uaithi pé fada gairid dóibh i
bhfochair a chéile. 'Maidir liomsa', arsa an t-óglach, 'déar-
fadsa mo shloinne leatsa, óir is mé airchinneach na cille-se
darb ainm Croimlinn agus cailleadh mo bhean dhá bhliain ó
shin agus beidh tusa mar chéile cuí comhaoise agam.
Chuadar le chéile ansin go tigh an aircheannaigh agus
d'fhear muintir an tí fáilte mhiochair mhuinteartha roimpi-
sin agus bhí sí seacht mbliana aige ina mnaoi agus ina bean
chéile agus rug sí mórsheisear clainne dó feadh na ré sin.
Ansin tagann teachtairí go dtí an aircheannach ó
chomhthionól Druimnigh ag tabhairt cuireadh na Cásca dó
agus téann sise maraon leis an aircheannach go dtí an cnoc
ar ar saobhadh a cruth ar dtús agus thit a codladh uirthi
láithreach ar an gcnoc agus téann an aircheannach lena
mhuintir go dtí an chill agus tar éis múscailt don iníon as a
codladh is amhlaidh a bhí ina fear faoin chomhdheilbh
chéanna is a bhí roimhe sin agus fuair a chlaíomh crosórga
cumhdaigh ar a ghlúin agus is é a dúirt: 'A Dhé
chumhachtaigh, is mór an ciach ina bhfuilim agus tar éis
éagaoine deorach chuaigh go dtína chéad áras agus dúirt a
bhean leis ansin: 'Is rófhada ataoi in éagmais do thí'. Is ansin
a bhí an tigh óil trí chéile agus insíodh an scéal iontach sin
do lucht an tí agus níor creideadh an scéal sin aige agus dúirt
a bhean nach raibh sé aon uair de ló ina héagmais. Faoi

dheireadh, tar éis comharthaí iomadúla éagsúla a thabhairt insíodh a scéal sin agus deineadh breithiúnas eatarthu agus is é an bhreith a tugadh an chlann a roinnt ar dhó agus an mac iomarcach a bhí ann a thabhairt don aircheannach ar son an altrama agus is mar sin a scaradar ó chéile.[17]

Ábhar grinn is magaidh amháin atá sna scéalta áiféiseacha seo, a thuairimigh Vivian Mercier, beagnach dhá scór bliain ó shin. Iarrachtaí na manach léannta anallód dul i ngleic leis na contrárthachtaí agus na coibhnis idir an saol seo abhus agus an saol thall. Ach is í firinne an scéil í go bhfuil idir shúgradh agus dháiríre sna scéalta seo agus gur toradh iad ar an bpléasc cruthaitheach nuair a theagmhaigh an tsamhlaíocht dhúchais leis an intleacht Ghréagach / Rómhánach, ar eagla go ligfimis i ndearmad, faoi mar a dúirt an file, go bhfuil '… níos mó ar thalamh is ar neamh / ná mar is eol díbhse, a chlann Horatio.'[18]

17. Bergin, Best, Meyer, O'Keeffe, op. cit. I, 1907, 76-79.
18. Féach, Mercier, Vivian, The Irish Comic Tradition, 1962; Carey, John, 'Aerial Ships and Underwater Monasteries', Proceedings of the Harvard Celtic Colloquium (XII), 1992, Ní Dhomhnaill, Nuala, Féar Suaithinseach, 1988, 84.

TÉACSANNA DRAÍOCHTA IN ÉIRINN SA MHEÁNAOIS LUATH*

JOHN CAREY

*Roinn na Sean- agus na Meán-Ghaeilge,
Ollscoil na hÉireann, Corcaigh*

B heartaíos ar léacht ar dhraíocht a thabhairt sa tsraith seo ar thrí chúis: a spéisiúla is atá an t-ábhar ann féin; a thábhachtaí atá sé le radharc iomlán a fháil ar an gCríostaíocht in Éirinn; agus a mhéid is atá faillí déanta ag scoláirí an lae inné agus an lae inniu ar an bhfianaise luath Éireannach atá ar fáil. Ba mhaith liom beagán a rá ar dtús faoin tríú cúis díobh seo. Dúirt Kuno Meyer i 1914 faoi *Nuall Fir Fhio*, an téacs deireanach a bheidh á phlé anseo againn:

> We know so little of the beliefs and practices of Irish pagan-
> ism that the following prayer or invocation of undoubtedly
> pagan origin, here fully edited and translated for the first
> time, will come as a welcome addition to our knowledge.
> Though published more than twenty years ago … it has never
> received that attention to which its age and content entitle it.[1]

Tá cúig bliana agus ceithre fichid ann ó dúirt Meyer é sin, ach is beag leasú ba ghá a dhéanamh ar a chaint inniu, agus d'fhéadfaí an rud céanna a rá le ceart chomh maith faoi na sleachta go léir a bheidh idir camána sa pháipear seo. Is móide is ionadh é sin an t-aighneas géar idir lucht an 'dúchais' (*nativist*) agus lucht na 'hiasachta' (*anti-nativist*) sa scoláireacht Luath-Éireannach le fiche bliain. Ós rud é gurb ábhar mór argóna teasaí é cé chomh tábhachtach agus chomh forleathan is a bhí iarsmaí an phágánachais i gcultúr na hÉireann sa mheánaois, mheasfá go mbeadh cnuasach doiciméad ina bhfuil cumhachtaí eisnádúrtha neamh-Chríostaí á ngairm ina n-ábhar dianstaidéir. Ach an leabhar nár mhiste le lán-cheart Bíobla dhearcadh lucht na hiasachta inniu a thabhairt air, *Pagan Past and Christian Present in Early Irish Literature* le Kim McCone, ní luaitear ann ach aon téacs draíochta amháin, an ortha

---

*Táim an-bhuíoch de Phádraig Ó Fiannachta a d'aistrigh an léacht seo go Gaeilge.
1. 'An Old Irish prayer for long life', *A Miscellany Presented to John Macdonald Mackey, LL.D.* (Liverpool, 1914), 226-32: 226.

sa Codex Sancti Pauli, téacs a phléifimid ar ball beag, agus ní
dhéanann sé amhlaidh d'fhonn a thábhacht ó thaobh creidimh a
mheá, ach d'fhonn a íomháineachas foirmiúil a mheas.[2] Canathaobh
seo? Is léir dhá phríomhchúis.

Ar dtús is minic go ngabhann fad-
hbanna cealgánta teanga leis na téacsanna bunaidh dóibh siúd nach
saineolaithe iad ar an nGaeilge mhoch; ar an láimh eile ós rud é go
mbíonn scoláirí Ceilteacha de ghnáth aineolach ar thraidisiúin eile
draíochta, ní féidir a bheith ag súil leis go mbeadh an tuiscint chom-
paráideach acu a bheadh ina cabhair ag míniú sleachta mós doiléir
nó débhríoch. Táim in amhras gurb í an tríú cúis leis an bhfaillí ná
nach dtugann an t-ábhar draíochta tacaíocht do cheachtar den dá
dhream sa chonspóid a luas. Tá na deacrachtaí a chuireann sé sa tslí
ar lucht na hiasachta soiléir go leor; b'fhéidir gur féidir leo iad a
shárú, ach, más amhlaidh atá, níor thugadar faoi go fóill. Ní
thugann na téacsanna, áfach, tacaíocht shoiléir do lucht an dúchais
ach chomh beag. Faoi mar a fheicfimid, dealraíonn sé gurb é a
sholáthraíonn siad ná tuiscint leochaileach mhíshocair ar chórais
chreidimh ag guailleáil le chéile a éilíonn staidéar ar a son féin in
áit bheith á húsáid mar chosaint ar aon dearcadh ginearálta.

Ní hiad na scoláirí Ceilteacha amháin a rinne faillí iomlán geall
leis sna téacsanna luatha draíochta Gaeilge, ach staraithe na
draíochta Eorpaí i gcoitinne chomh maith. Tá a lán le léamh ar dhá
shampla úra. Ní luann Richard Kieckhefer aon téacsanna Gaeilge
per se ina shuirbhé *Magic in the Middle Ages*. B'fhéidir gur féidir
a léamh ar an ráiteas a dhéanann sé 'the vestiges in Irish literature
come more from mythology than from popular conceptions of how
magic was actually performed' nach raibh a fhios aige go raibh a
leithéid ann ar aon chor.[3] Deir sé in áit eile ina leabhar
'Accommodation to certain elements of pagan culture was common
(though not universal) missionary practice in the early Middle
Ages' agus ailléideann sé mar shampla de sin litir cháiliúil an
Phápa Gréagóir Mór ina gcomhairlíonn sé do na chéad mhisinéirí
chun na nAngla-Shacsanach feidhm a bhaint as áiteanna naofa na
bpágánach agus a bhféiltí ar mhaithe leis an gCríostaíocht. Leanann
Kieckhefer air:

> Yet toleration had its limits. Monks and other churchmen
> usually drew the line at explicit veneration of the old gods,

2. *Pagan Past and Christian Present in Early Irish Literature* (Maigh Nuad,
1990), 207-209.
3. *Magic in the Middle Ages* (Cambridge, 1989), 53.

and they forbade practices that might be construed as involving such veneration … Following early Christian writers, they identified the traditional gods as demons, and thus all magic that called on the services of these gods, explicitly or implicitly, was demonic magic.[4]

Tá súil agam go dtaispeánfaidh mé féin go dtugann an fhianaise Ghaelach dúshlán teann na téise sin. Tá tátail an dúshláin sin le díorthú fós.

Is é, gan aon agó, saothar Valerie Flint *The Rise of Magic in Early Medieval Europe*[5] an chéim ar aghaidh is spreagúla a rinneadh le déanaí sa taighde ar dhraíocht na meánaoise. Is é téis dhúshlánach Flint gurb é atá ina lán de dheabhóid na meánaoise ná 'draíocht arna tharrtháil (*rescued magic*)'. Tá idir mholadh agus cháineadh faighte ag an saothar agus níl sé i gceist agam breith a thabhairt air anseo. Níl uaim sa chomhthéacs seo ach a rá go bhfágann Flint leis as an áireamh ar fad fianaise dhoiciméid na hÉireann. Is móide is ábhar iontais é sin go mbaineann sí feidhm chomh forleathan as an ábhar Angla-Shacsanach, corp orthaí ina bhfuil, dála an scéil, roinnt samplaí Gaeilge atá fágtha gan aitheantas le fada agus gan staidéar geall leis go fóill.[6] Bheadh sé spéisiúil a fháil amach conas a dhéanfadh Flint anailís ar thraidisiún *nár* ghá ann achainíocha págánacha a chlaochlú nó a athmhíniú, nó, mar a deir sí féin 'iad a tharraingt tríd' (*be brought through*). Is cinnte go mbeadh tionchar mór aige ar a teoiric, ach níor cuireadh é sa mheá. Is ar na scoláirí Gaeilge féin, cuid éigin, atá an milleán le cur gur beag aird atá tugtha ag scoláirí na meánaoise ar an bhfianaise Ghaelach. Tá dianghá le heagráin nua, eagráin níos beaichte, de na téacsanna go léir. Ach mar sin féin tá siad go léir geall leis ar fáil, i leagan Béarla nó Gearmáinise, le ceithre fichid bliain nó breis, agus tá na gnéithe a thugann tábhacht ghinearálta dóibh soiléir sofheicthe sna haistriúcháin sin. Ní dóigh liom gur éagóir a mheas go bhfuil anseo sampla eile fós de chlaonadh níos forleithne fós i measc scoláirí meánaoise litríocht na Gaeilge a chaitheamh i leataoibh i gcúlráid aisteach Cheilteach ar leithrigh léi féin.

4. Ib., 44-5.
5. *The Rise of Magic in Early Medieval Europe* (Princeton, 1991).
6. Tá an t-ábhar seo pléite ag Rudolf Thurneysen, 'Grammatisches und Etymologisches: 6. Ir. *marbu* 'ich töte', *ZCP* 13 (1921), 106; Howard Meroney, 'Irish in the Old English charms', *Speculum* 20 (1945), 172-82; Paul Grosjean, 'Un quatrain irlandais dans un manuscrit anglo-saxon', *Analecta Bollandiana*, 81 (1963), 269-71.

Ní beag sin de sheoladh ar na tuairimí atá le cur os bhur gcomhair agam ar roinnt bheag téacsanna draíochta, fág gur sealadach iad na tuairimí sin go fóill. Níl thar breacthuiscint agam ar aon cheann acu; faoi mar atá ráite agam, beidh gá le breis staidéir agus le cabhair ó ranna eile taighde agus saineolais sula mbeidh bonn daingean go leor faoin ábhar. Idir an dá linn tugaim aistriúchán sealadach ar chuid de na dréachtaí in aguisín. Is é atá sa chéad doiciméad ná duilleog aonair de phár Oileánach atá ar coimeád i leabharlann Sankt Gallen. Ar aghaidh na duilleoige, an *recto,* tá pictiúr de Naomh Matha, rud a thaispeánann gurb é a bhí ann ar dtús ná leathanach de shoiscéal póca. Ar a chúl, ar an *verso,* tá ceithre orthaí, ó lámha triúr scríobhaithe (de réir Stokes agus Strachan) nó beirte (de réir Lowe).[7] Tugtar teoracha dá húsáid le gach ortha díobh. Is peannaireacht *majuscule* de chuid na naoú haoise, de réir dealraimh, atá i gceist.

Ortha in aghaidh tinneas cinn an tríú ceann; tá sé i Laidin agus Críostaí in iomlán a thagairtí. Thar ceann an othair glaotar ar na cumhachtaí a lonnaíonn i mbaill ar leith a lán pátrarc, fáithe agus aspal, agus Chríost féin; dúnann an ortha le tagairt nach bhfuil corpartha ('creideamh Ábrahám'), agus le chéad fhocail an Sanctus. Maireann an ortha seo, dála an scéil, in Éirinn leis. Tá sí ar fáil i gcnuasach beag d'ábhar draíochta i lámhscríbhinn ón séú haois déag atá anois i gColáiste na Tríonóide, Baile Átha Cliath.[8]

Ar an láimh eile, níl aon ní Críostaí go soiléir sa dara ná sa cheathrú ortha. An ceann in aghaidh galar fuail, dealraíonn sé nach *in aghaidh* 'ealtaí gaoismhara bandraoithe' atá sé ach *chucu*;[9] agus an téacs doiléir a thosaíonn le *Tessurc marbbíu* 'fóirim ar mhairbh-bheo', dúnann sé leis an ráiteas 'gairim an leigheas a d'fhág Dian

7. Whitley Stokes agus John Strachan, eag. agus aist., *Thesaurus Palaeohibernicus,* 2 iml. (athchló Baile Átha Cliath,1975), 2.xxvii; E. A. Lowe, *Codices Latini Antiquiores,* part vii (Oxford, 1956), 42 §988. Tá an duilleog ceangailte i gcodex cumaisc; leanaim Stokes agus Strachan, op. cit., 2.248-9.
8. R. I. Best, ' The St. Gall incantation against headache', *Ériu* 8 (1915), 100; tá sé le tabhairt faoi deara go bhfuil an téacs sa chóip i gColáiste na Tríonóide níos fearr ná é siúd i St. Gallen. Bhí an ortha fós sa timpeall sa seachtú haois déag: S. H. O'Grady agus Robin Flower, *Catalogue of Irish Manuscripts in the British Library [formerly British Museum],* 3 iml. (athchló Baile Átha Cliath, 1992), 2.472.
9. Aguisín mír A. I *Cath Maige Tuired* is iad na hasarlaithe (*corrguinig*) a chuireann de bhriocht ar a naimhde nach féidir dóibh múnadh (eag. E. A. Gray (Baile Átha Cliath 1982), §109. Cf. *Serglige Con Culainn* (eag. Myles Dillon (Baile Átha Cliath 1953)), mar a ndéanann na mná sí a thaibhsíonn ar dtús i gcló éan Cú Chulainn tinn i dtosach agus ansin cabhraíonn leis téarnamh.

Céacht ag a mhuintir, le go mba slán don rud ar a dtéann.'[10] Sa scéalaíocht feicfimid gurb é Dian Céacht lia *Tuath Dé*, 'Treibh na nDéithe'; agus an scéal a inseann cé mar a d'fhás luibhe leighis as corp a mhic Miach a dúnmharaíodh – rud a phléifead arís níos déanaí – tá sé le fáil sa saga *Cath Maige Tuired.* An bhfuil an ortha ag tagairt do leagan den scéal? Tá deacracht ag gabháil le cibé míniú a thugtar mar is féidir an bhrí *slánaitheoir* chomh maith le *leigheas, salvator* chomh maith le *salva,* a bheith ag an bhfocal *slántccid.* An é an luibh leighis, nó Miach, nó iad araon le chéile an *slántccid* anseo? Agus Miach, an t-íocaí óg a dtugann a bhás sláníoc don chine daonna, an 'slánaitheoir' é, agus é le tuiscint go bhfuil sé ag freagairt do Chríost?

Is é an chéad ortha an ceann is doiléire de na ceithre cinn. Is cumasc í de d'eilimintí Críostaí agus págánacha, agus déanann a dícheall sochar a bhaint as 'na briathra naofa a labhair Críost as an gcrois' agus as fios Ghoibhneann an gabha diaga.[11] Glactar le Goibhniu mar dheartháir do Dhian Céacht agus feictear é mar chúis galair i scéilín doiléir i Sanas Chormaic;[12] luaitear gaibhne mar aon le mná agus draoithe mar lucht cleachtaithe draíochta díobhálaí sa phaidir cháiliúil 'Lúireach Phádraig'.[13] Dealraíonn sé leis go raibh feidhm dhraíochta á baint as glao truacánta Chríost ar an gcrois *Eli, Eli, lama sabacthani* ón tslí ina raibh an focal *éle* á úsáid leis an mbrí 'ortha, *incantation*'; beidh sampla de sin le feiceáil ar ball beag.[14]

Is mór idir cuid de chúlra na n-orthaí seo a rianú agus an obair eile atá i bhfad níos duaisiúla, a chinntiú cad a chiallaigh siad do na daoine a bhreac agus a chaomhnaigh iad. Ach mar sin féin tugann an doiciméad féin leideanna áirithe faoi seo.

Tá na horthaí scríofa ar leathanach a tógadh as leabhar soiscéal; is dócha gur in Éirinn a scríobhadh an leabhar ach tá an leathanach anois i mainistir san Eilbhéis, mainistir a bhí faoi thionchar láidir

10. Aguisín, mír B. Tabhair faoi deara go ndealraíonn an ráiteas deiridh seo go bhfuil sé ar leithrigh óna ngabhann roimhe; tá friotal rithimeach na coda eile den ortha in easnamh, agus b'fhéidir go ngabhann *dúnadh* roimhe (*TEssurc ... forsa-TÉ*).B'fhéidir dá bhrí sin go bhfuil anseo macasamhail follasach págánach de na modhanna deartha Críostaí atá le fáil i dtéacsanna eile den saghas seo.
11. Aguisín, mír C.
12. Cormac Y 975.
13. J. Carey, aist., *King of Mysteries: Early Irish Religious Writings* (Baile Átha Cliath,1998), 133.
14. Cf. a bhfuil le rá agam in 'Three notes: 3. ad *Celtica* xviii.97-100', *Celtica* 20 (1988), 128-9.

Gael ar feadh na gcéadta blian; dealraíonn sé gur beirt nó triúr a scríobh na horthaí. Cad iad na tátail is féidir a bhaint as sin? Déarfainn féin:

(a) Tháinig an leabhar soiscéal go léir chun na Mór-Roinne, nó tháinig an duilleog amháin. Cibé acu é, b'fhéidir na horthaí a scríobh ar an duilleog sular baineadh as an leabhar é nó ina dhiaidh sin. Arís cibé acusan é, tá nithe suimiúla le tuiscint as: óir ní foláir go raibh leabhar (nó duilleog) ina raibh impithe chun déithe págánacha ar iompar ag eaglaiseach Gaelach ag dul thar lear, nó gur scríobh aon Ghaeilgeoir amháin nó breis, a chónaigh thar lear, na horthaí seo uair éigin tar éis don duilleog teacht. Ní rud nár mhair fós ach amháin i measc na dtuathánach nó na cléire aineolaí í an draíocht dhúchais in Éirinn mar sin; de réir dealraimh ba chuid í de throscán aigne chuid de na hintleachtóirí ar imirce a bhí ar thóir slí bheatha mar scoláirí san Eoraip Chairilínseach.

(b) Cruthaíonn sonra eile go raibh oideachas áirithe ar dhuine ar a laghad de na scríobhaithe. Idir an dara agus an tríú hortha – laistigh den bhloc téacsa a scríobh an chéad scríobhaí, agus sa láimh chéanna de réir dealraimh – tá líne in aibítir na Gréigise a dhealraíonn a bheith ina leagan Laidine de Mhatha 28:19 ('Imígí dá bhrí sin, déanaigí deisceabail de na náisiúin uile') ach focal nó dhó Gréigise briste in achrann ann.[15] Fág gur léir gur bhearnach míchruinn é eolas an scríobhaí ar an nGréigis, ghabh sé thar an aibítir; sa chéad chuid den téacs tá an fhoirm cheart den deireadh den treas pearsa iolra chaite -*san*. Ní haon seans é, is dócha, go bhfuil líne bunaithe ar Mhatha scríofa ar chúl pictiúir de Mhatha; ná go bhfuil tagairt do 'chraobhscaoileadh do na náisiúin uile' scríofa ar ghiota páir a bhí ina chuid de *dhiaspora* intleachtúil Gael na naoú haoise. An té a scríobh na trí chéad orthaí, dealraíonn sé go raibh sé ar a shuaimhneas leis an mBíobla agus go raibh eolas éigin aige ar na disiplíní léinn a ghabhann le staidéar ar an mBíobla.

(c) Tá sé inspéise go bhfuil breis agus aon scríobhaí amháin i gceist. Bhreac Scríobhaí 1 an chéad trí ortha agus an smut beag Gréigise agus Laidine a phléamar romhainn. Bhreac Scríobhaí 2 an briocht a thosaíonn *Tessurc marbbíu*; agus bhreac Scríobhaí 3 – más lámh eile í seo dáiríre – na treoracha faoin ngnás a ghabhann lena chur i ngníomh. Ní sincréiteach aonair atá i gceist mar sin ach

15. Tugann Stokes agus Strachan mar léamh: 'PreCHNYTφcANwMNYBVc:- KNAATYONIBUS: -FINIT. Cé go bhfuil sé seo, de réir dealraimh, bunaithe ar Mhatha 28: 19, is mór ar fad idir é agus téacs na Vulgáide: baineann Iaróm, feidhm go rialta, abair, as *gentes* in áit *nationes* mar aistriúchán ar Ghréigis *ethné*.

sraith nó b'fhéidir cuallacht de Ghaeil léannta, deoraithe is dócha, atá sásta dul i muinín Ghoibhneann nó Dhéin Chéacht lena leigheas óna ngearáin. Tá an tslí ina bhféadfaí na cúraimí a roinnt i gcás an cheathrú hortha thar a bheith spéisiúil; aon scríobhaí amháin a scríobh focail an bhreachta, duine eile a scríobh na slí ina gcuirtear i ngníomh é 'i gcónaí',[16] thabharfadh sé le tuiscint go raibh comhar gnímh agus feasa i gceist.

(d) Ar deireadh ba chóir aird níos mó a thabhairt air gur bhain an duilleog de réir dealraimh le leabhar Soiscéal ar dtús. Ar scríobhadh na horthaí sular scar an duilleog ón gcuid eile? Nó, mar is dóichí a tharla, ar sracadh pictiúr an tsoiscéalaí amach roimhe sin le húsáid b'fhéidir mar shórt breachta? Déanann Flint cur síos mion ar conas mar a d'úsáidtí nithe naofa Críostaí mar bhuashéada. Ach is 'comhréiteach cruthaitheach' ar leibhéal eile ar fad seachas mar a phléann sise é feidhm a bhaint as nithe naofa mar seo le himpí a chur chun déithe págánacha.[17]

Tugann an réamhscrúdú seo ar aon ghiota beag aisteach páir amháin méar ar eolas dúinn ar chumasc diamhair de chreidiúintí Críostaí agus págánacha, agus ní ar leibhéal na coitiantachta é sin, ach ar leibhéal na cléire intleachtúla; agus ní hiad tuairimí aonaránaigh ar leithrigh a nochtann an duilleog dúinn, ach tuairimí beirte ar a laghad. Sa mhéid go ndealraíonn sé go mbaineann an bheirt leis an 'tréad fealsún' a chuir comaoin chomh mór sin ar an athbheochaint Chairilínseach, tá tábhacht leis an doiciméad do stair chultúr na hEorpa i gcoitinne seachas do luathstair na hÉireann amháin.[18]

Tá ortha eile den naoú haois ar an Mór-Roinn a léiríonn arís nach gá go mbeadh contrárthacht do Ghaeil idir draíocht dhúchais agus cultúr sách uasal eaglasta. Tá an sampla seo ar fáil sa Codex Sancti Pauli, a bhí tráth i seilbh mhainistir Reichenau, lámhscríbhinn a bhfuil cáil uirthi de bharr an dáin ghleoite ar an manach agus a chat, ach a bhfuil scholia inti ar an Aeniad, táblaí réalteolaíochta, nótaí ar

16. *Fo-certar inso do grés it' bois ... f* 'cuirtear é seo i gcónaí ar do bhos ...'.
17. Tugann Flint go leor samplaí d'úsáid na Scrioptúr mar leigheas sa chaibidil 'Christian medical magic' op. cit. 301-28; Tá an nath 'creative compromise', *comhréiteach cruthaitheach,* ibid., 400. Sampla nua-aimsire Gaelach de, mar a deir Pádraig Ó Riain liom, is ea an *leabhar Eoin,* 'a medal containing the opening words of the Gospel of St. John worn as a protection from evil' (Patrick S. Dinneen, *Foclóir Gaedhilge agus Béarla* (Baile Átha Cliath, 1927), 637b).
18. Baineann Heiricus Autisiodorensis feidhm as an nath *cum grege philosophorum* sa chur síos cáiliúil úd leis ar an scuaine scoláirí a tháinig ó Éirinn sa ré Chairilínseach (Migne, *Patrologia Latina* 124.1133).

ghraiméar agus ar fhoclóir na Gréigise, iomainn do na tráthanna, sleachta a bhaineann le tíreolas an Bhíobla, dréacht ar nádúr na n-aingeal agus a lán eile nach iad. Tá an cnuasach uile scríofa go maolscríobach sa pheannaireacht chéanna. Is léir go mba leabhar nótaí é le duine a bhí léannta go leor le spéis a bheith aige ina lán ábhar agus tá buille faoi thuairim dealraitheach tugtha gur bhain sé le leis an ngasra scoláirí a bhí faoi thionchar Eriugena,[19] an scoláire dearscnaithe. Taispeánann an lámhscríbhinn leis gur mhair spéis an scríobhaí i gcultúr dúchais a thíre fein go buan; tá ar caomhnú ann ceann den bheagán dán molta a tháinig chugainn ó ré na Sean-Ghaeilge, dhá rann a luaitear le Suibhne agus Mo Ling, agus an ortha lena bhfuilimid ag plé anois.[20]

Tá codanna den ortha seo an-doiléir agus níl ach tuairimí gan cruthúnas curtha i láthair go fóill lena réiteach; fiú an chéad fhocal ann, *ad-gúisiu,* b'fhéidir é a aistriú 'roghnaím, toghaim' in áit 'is mian liom', agus malairt céille a chur in iúl dá réir. Tá an éiginnteacht sin priaclach go háirithe i gcás an natha *fid n-allabrach 7 arggatbrain,* nath nár aistrigh aon bheirt scoláirí sa slí chéanna agus nár éirigh le haon duine a aithint le deimhne.[21] D'fhéadfadh disciplíní eile an-chabhair a thabhairt maidir leis seo. Dá nglacfadh duine mar shampla leid ó thuairim Dháibhí Uí Chróinín gur 'ainmneacha ar luibheanna fiáine (anaithnide) *allabair* agus *arggatbrain'*[22] níor chás a mholadh go mb'fhéidir gur iasacht ón Laidin *elleborum* 'eileabar, *hellebore'* é *allabair* agus a bhuanna malartaithe comhfheasa seo a cheangal leis an bhfís a lorgaítear, mar a fheicfimid, ag deireadh na hortha.[23] Ach cad faoi *arggatbrain* ansin? Táimid fós ró-aineolach.

19. David Dumville, *Three Men in a Boat. Scribe, Language, and Culture in the Church of Viking-Age Europe* (Cambridge, 1997), 48-51; é seo ag tarraingt as ar aimsigh Bernhard Bischoff, 'Irische Schreiber im Karolingerreich', i *Mittelalterliche Studien,* 3 iml. (Stuttgart, 1966-81), 3.39-54: 47-50.
20. Tá téacs na hortha i Stokes agus Strachan, *Thesaurus,* 2.293; cf. Aguisín, mír D, mar a bhfuil mo chiallú féin faoi chomaoin ag plé H. P. A. Oskamp, 'The Irish material in the St. Paul Irish codex', in *Éigse* 17 (1977-9), 385-91: 387-90. Faoin lámhscríbhinn féin feic L. -C. Stern, 'Uber die irische Handschrift in St. Paul', *ZCP* 6 (1908), 546-55; agus Kenney, *Sources,* 677-8.
21. Seachas an bhrí a mholann Dáibhí Ó Cróinín a phléifear inár ndiaidh, is fiú tuairim Oskamp a lua go dtagraíonn na hainmneacha do ' áit sa saol seo nó sa saol eile a bhí ar eolas sa seanchas ón ré réamh-Chríostaí (op. cit., 388); agus tuairim chliste Kim McCone go bhfuil an líne ag tagairt don chluiche boird *brandub* (op. cit., 207-9).
22. *Early Medieval Ireland 400-1200* (Londain agus Nua-Eabhrac, 1995), 88, 99.
23. Bhaintí feidhm as eileabar mar leigheas ar bhuile sa seansaol: féach Plinius Antiquior, *Naturalis historia* xxv.60.

Ní bheadh sé chomh deacair línte áirithe a chiallú. An achainí
'go dtaga scáil i mo chomhdháil le grán agus bainne cibé ar a
gcuirim é', tugann sé chun cuimhne an sórt draíochta tuaithe a
mbaintí feidhm as le hádh na gcomharsan a ghoid: sórt draíochta
duibhe a bhfuil eagla roimpi ina lán traidisiún, agus a raibh páirt
shuntasach aici i mbéaloideas an hÉireann go dtí ár linn féin geall
leis.[24]

Tar éis don chainteoir iarracht a dhéanamh ar chuspóir éigin mar
sin a chur i gcrích, impíonn sé go ndeonfaí fis dó trína mbeadh a
fhios aige an rithfeadh leis: 'Má tá seo i ndán dom, gurab grán agus
bainne a fheicim; mura bhfuil sé i ndán dom, gurab mic tíre agus
fianna ar fán ar an sliabh agus óglaochra a fheicim.' Ina phlé dár
thagraíos romhainn ar an ortha seo, taispeánann Kim McCone gur
léaspairt iad na híomhánna contrártha seo, de churaíocht agus
d'fhiántas, ar an gcodarsnacht shiombalach a bhí forleathan in
aigne na nGael fadó, codarsnacht a dheimhníonn sé le hargóintí
iomadúla teanna go bhfuil fréamhacha réamh-Chríostaí aici.[25]
Maidir le struchtúr, áfach, cuirtear ceann de na paipírí draíochta
Gréigise i gcuimhne dom go tréan mar a gcuireann an cainteoir mar
bhreis lena impí an achainí seo: 'Má dheontar, taispeáin planda
agus uisce dom; ach mura ndeontar, tine agus iarann.'[26] Tá gá ag an
scoláire Ceilteach le treoir ó staraí na draíochta arís sa chás seo. An
fianaise é seo romhainn go bhfuil an ortha Ghaelach ag brath thiar
ó dheireadh ar eiseamláirí ó dhúichí na Meánmhara? Nó an foirmlí
uilí iad seo, cuid de nósmhaireacht fáistineoireachta i gcultúir ar
fud an domhain mhóir?

Is í an cheist is casta maidir leis an téacs ná cad a chiallaigh sé
don té a scríobh é. Is furasta a shamhlú go bhféadfadh na daoine a
bhí freagrach as orthaí Sankt Gallen agus a gcairde a bheith ar
uairibh ag gearán faoi thinneas cinn, faoi ghalar fuail, faoi chliatha,
faoi at, agus a leithéidí; giota páir a gcreidfí b'fhéidir go raibh
buanna leighis aige, bheadh gaol áirithe aige le hoidis dhraíochta.
Ach más é atá i gceist dáiríre san impí sa Codex Sancti Pauli ná
greim a fháil ar ádh bainne agus arbhar na gcomharsan, – nó, mar
a shíl Hans Oskamp, mura bhfuil ann ach macalla ar thnúthán

24. Féach Séamas Ó Catháin, eag., *Uair an Chloig Cois Teallaigh, Scéalta dá
n-inse ag Pádraig Eoghain Phádraig Mac Luain* (Baile Átha Cliath, 1985), 16-17
le tuairisc ar nósanna dá shórt mar a tuairiscíodh i 1972.
25. Op. cit., 207-9.
26. K. Preisendanz, ed., *Papyri Graecae Magicae* (2ú eag., Leipzig 1973), vii,
250-4, 255-9.

'duine ag lorg ceapach bheag thalún chun beagán arbhair a chur, agus féarach a fháil do roinnt bheag beithíoch'[27] – cén tairbhe é do scoláire i bhfad i gcéin ó bhaile, a bhí 'ag díriú a shúile soiléire, cé leochaileach, in aghaidh géire an fheasa'[28], ar éadócha go mbeadh aon bhaint ar aon chor aige le feirmeoireacht?[29]

Ní féidir liom ach buille faoi thuairim a thabhairt . Is ceann de na nathanna foirmleacha cúplacha is coitianta sa luathré in Éirinn é *ith ocus mlicht* 'grán agus bainne'; i gcomhthéacs áirithe is meatainime é do 'bhia agus deoch', nithe lena mbíonn gá ag duine. Ní raibh a muintir féin mar chúltaca ag Gaeil thar lear agus bhíodar ina n-eachtrannaigh, ag brath go hiomlán ar a bpátrúin lena gcothú. Cuireann Sedulius in iúl go minic le greann ina dhánta go bhféadfadh moill a bheith ar uairibh ar an soláthar agus é a bheith sprionlaithe nuair a thiocfadh; tá leathrann searbhasach le Eriugena ar an téad chéanna.[30] I gcruachás den sórt sin níor scorn leis na filí in Éirinn dul i muinín na draíochta féin mar thaca lena n-aoir. Sin é cibé scéal é an teachtaireacht a thugann scéilín sa chnuasach dlí *Bretha Nemed* dúinn, nuair a insíonn sé gur chan file an tseanchais, Aithirne, agus é fós i mbroinn a mháthar, ortha trína phléasc na dabhcha leanna go léir a bhí ullamh do fhleá ríoga. Tugtar téacs na hortha; dúnann an scéilín leis an dearbhú 'má reacann file é seo ina cheartfhoirm tar éis deoch leanna a dhiúltú dó, pléascfaidh an lionn as na hárais.'[31] B'fhéidir gur bhraith tiomsaitheoir Codex Sancti Pauli freisin an gá a bhí le cabhair eisnádúrtha dá shórt.

Bíodh sin mar atá nó ná bíodh ar aon slí, tá an ortha sa Codex dáiríre. Bhí spéis sa dréacht gairid draíochta seo ag scoláire a bhí eolach ar gach brainse léinn a bhí ar fáil lena linn; ba chuid é dá oidhreacht a rug sé leis ag fágáil an bhaile dó. Cibé míniú atá ar an scéal, ní dócha go mbeadh sé tur.

27. Op. cit., 390.
28. 'Fuachimm chein fri fegi fis/ mo rosc reil cesu imdis': tá an dán 'Messe ocus Pangur Bán' ar an leathanach céanna leis an ortha (Stokes agus Strachan, loc. cit.)
29. Fágaimis an cheist seo gan réiteach. Taispeánann John Contreni go bhfuil fianaise ann go raibh baint ag Martinus Hibernensis le 'managing the cathedral lands' i Laon ('John Scottus, Martin Hiberniensis, the liberal arts, and teaching', i Michael Herren, eag., *Insular Latin Studies* (Toronto, 1981), 23-44: 44n. 55.
30. Ludwig Traube, eag., 'Sedulius Scotti Carmina', *MGH Poet. lat. med. aev.* 3.151-237: 169 §4, 177-8 §9, 211 §49; Michael Herren, eag., *Iohannes Scotti Eriugenae Carmina* (Dublin,1993), 104 19.
31. D.A. Binchy, eag., *Corpus Juris Hibernici*, 6 iml. (Baile Átha Cliath, 1978), 1118-19; E.J. Gwynn, 'Aithirne's mother', *ZCP* 17 (1927), 152-6; P.L. Henry, *Saoithiúlacht na Sean-Ghaeilge* (Baile Átha Cliath, 1978), 62-3; John T. Koch (le John Carey), *The Celtic Heroic Age* (Andover agus Malden, Massachusetts, 1995). 52.

An chéad téacs eile atá le plé agam, tháinig sé chugainn i lámh-
scríbhinn i bhfad níos déanaí, an Leabhar Breac, a scríobhadh
c.1400 – ach is Sean-Ghaeilge atá inti agus níl aon chúis dar liom
nach bhféadfadh sé dul siar go dtí an t-ochtú haois.[32] Is léir nár
mheas Murchadh Ó Cuindlis a scríobh an chóip a tháinig slán go
raibh sé ar aon tslí in aghaidh na deabhóide Críostaí; lámhscríbhinn
a phléann le creideamh thar aon ní eile is ea an Leabhar Breac; tá
an ortha ar chiumhais a téacsa de *Féilire Óengusso*, féilire
meadarachta d'fhéiltí na naomh, agus tá cros mar mharc leis. Ach
cad tá ann?

Tá an ortha ina dhá cuid: an *éle,* an briocht, agus an *bendacht,* an
bheannacht. Is faide go maith an *éle* ná an chuid eile; dréacht
rithimeach bairdne ag impí cosanta ó dheascaí a lán leontaí ar thriúr
iníon Flidais. Tá sé soiléir go leor gur bhandia í Flidais go bunúsach.
Tá sí i gcló daonna sa Rúraíocht; deirtear ina taobh gurbh í amháin
léi féin a shásódh fonn ban an laoich shárfhirinn, Fergus mac Róich;
seachas sin áirítear í ar *Thuath Dé,* agus deirtear ina taobh i dtrách-
tas ginealais gur 'eilití ab ea a bólacht', cuireann sé in iúl go
mb'fhéidir gur sórt máistreás ar ainmhithe fiáine ab ea í.[33]

Is é atá sa *bendacht* ná rann i meadaracht shiollabach le
comhardadh[34] ag impí beannachta ar an ngalar, ar an othar, ar an
éle, agus ar an lia faoi seach. Ansin gairtear ainmneacha an
cheathrar soiscéalaí agus deirtear leis an léitheoir gur cóir an
Phaidir a rá roimh an mbriocht a reacadh agus ina dhiaidh sin.

Is fiú a thabhairt faoi deara nach bhfuil gné phágánach an
bhreachta á cur faoi chois ná á claochlú, ach á hiamh isteach agus
á maolú. Cumhacht iníonacha Flidais atá á gairm le toil an lia a
chur i bhfeidhm; ach tá an ghairm seo mar a bheadh sí á srianadh
ag *bendacht* ceathartha atá, go hintuigthe, ag achainí go mbeadh an
Dia Críostaí sásta. Ansin faoi dheoidh tá idir *éle* agus *bendacht* á
dtimpeallú agus á smachtú ag an urnaí Chríostaí is naofa dá bhfuil
agus deirtear í faoi dhó.

32. Aguisín, Mír E. Tá mo phlé-se bunaithe ar shaothar Kuno Meyer 'Ein
altirischer Heilsegen', *Sitzungsberichte der Preussischen Akademie der
Wissenschaften,*Phil.-hist. Klasse (1916), 27-32.
33. Tá tagairti do Flidais cruinnithe agam i 'A *Tuath Dé* miscellany', *Bulletin of
the Board of Celtic Studies* 39 (1992), 24-45: 35.
34. Meadaracht neamhghnách go leor atá i gceist; tugtar *cró cumaisc etir rann-
aigecht móir agus casbairdni* uirthi sa tríú tráchtas meadarachta Meán-Ghaeilge
(*Irische Texte* 3.1. 80-1 §56). Seachas an rann aoire ailléidte ansiúd, tá sampla san
agallamh fileata i dtús *Scéla Mucce Meic Dathó* (ed. R. Thurneysen (Dublin, 1935),
3.6-7).

Tá sé suimiúil rud an-chosúil leis seo a fheiceáil ar siúl i réimse na hinsinte sa mhioneachtra i *Cath Maige Tuired* dár thagraíos cheana. Leigheasann Miach, mac an lia dhiaga, Dian Céacht, lámh an dé Nuadu ar shlí a bhfuil a fhocail ag freagairt d'fhoirmlí leighis i dtraidisiúin eile Ind-Eorpacha.[35] Dá bharrsan maraíonn a athair é le teann éada; ach eascrann as a uaigh trí chéad seasca cúig luibh leighis ag freagairt do thrí chéad seasca cúig coda an choirp ar íocshláinte dóibh iad. Ach ní raibh deireadh le mailís Dhéin Chéacht, mar 'mheasc sé na luibheanna ar a chéile i dtreo nárbh fhéidir a mbuanna ar leith leighis a aithint mura nochtadh an Spiorad Naomh iad ina dhiaidh sin.'[36]

Is ó chorpán dé phágánaigh cumhacht leighis na luibheanna, más ea, ach níl *fáil* orthu ach trí ghrásta an Dé Chríostaí. Arís sa chás seo ní dhiúltaíonn ná ní dhamnaíonn an Chríostaíocht an chumhacht eisnádurtha dhúchais, ach tá údarás na hEaglaise riachtanach dá hidirghabháil.

Gné thábhachtach den dréacht deireanach a phléifear sa pháipéar seo is ea an tslí ina n-iatar é, ar aon dul leis an ortha sa Leabhar Breac agus sa scéilín in *Cath Maige Tuired*. Tagann an ceann seo chugainn i dtráchtas Meán-Ghaeilge ar mheadaracht mar a luaitear é mar shampla de *cétnad n-aíse,* teideal a chiallaíonn de réir dealraimh 'duan céid fadsaolach'[37] Tugann nóta rúibriciúil teideal níos beaichte air, *Nuall Fir Fhio*, 'Glao Fhir Fhio'.[38] Tá corp an téacsa ina thrí ranna agus an focal *ad-muiniur* 'gairim' i dtús gach rainn: is iad ar a nglaotar ná 'seachtar iníon na farraige a chumann snátha na n-óganach fadsaolach', 'mo laoch airgid nár cailleadh agus nach gcaillfear', agus 'Seanach na seacht n-uain a thóg mná sí ar chíocha na hinspioráide'. Is deacair aon chiall inchreidte Chríostaí a léamh

35. Tagarthaí i Rolf Ködderitzsch, 'Der 2. Merseburger Zauberspruch und seine Parallelen', *ZCP* 33 (1974), 45-57. Coimríonn Ködderitzsch tuairimí scoláirí a mhíníonn na cosúlachtaí seo ar shlite difriúla, mar oidhreacht choiteann, mar thraidisiúin shiúlacha, nó mar sheans amháin.
36. Gray, *Cath Maige Tuired,* 32 §§33-35.
37. Mhol Thurneysen an focal *cétnad* a aistriú mar 'erster Spruch' nó 'Eroffnungslied' (*Irische Texte,* 3.1.117): Liam Breatnach a mhol dom an t-aistriú a nglacaim leis anso; pléifear arís é inár ndiaidh anseo.
38. Eagráin, aistriúcháin, agus plé i Rudolf Thurneysen, 'Mittelirische Verslehren', *Irische Texte* 3.1 (1891), 1-182: 53-4; Meyer, 'Old Irish prayer' (cf. ibid., *Miscellanea Hibernica* (Urbana,1917), 19-21; Enrico Campanile, 'Mittelirische Verslehren II, 96-98', *Studi e saggi linguisitici* 6 (1966), 157-65: 160-5; David Greene agus Frank O'Connor, *A Golden Treasury of Irish Poetry A.D. 600-1200* (Londain, 1967), 33-5; Carey, *King of Mysteries,* 136-8. Bainim feidhm as mo phlé féin inár ndiaidh.

ar na cainteanna seo; is tagairt shoiléir do chreideamh dúchais san eisnádúr na *mná síde* ('sí'). Níl aon tagairt eile, áfach, d'aon cheann de na pearsana seo aimsithe fós sa litríocht ag aon duine, rud a fhágann sinn aineolach ar a stádas agus ar a gcúlra.

Murab ionann agus na tagairtí diamhaire ag tús gach coda de thrí coda na hortha, tá tagairtí soiléire Críostaí ag deireadh an dara agus an tríú cuid – achainí chun 'Rí na n-uile' agus chun an Spioraid Naoimh. Déanann na hachainíocha breise seo cúiteamh éigin sa chló págánach a dhealraíonn a bheith ar an ortha ina hiomláine.[39] Téann an ceathrú cuid, an chuid deiridh níos sia fos; tá sé i Laidin; cuirtear sórt cló liodáin ar aon dul le *Kyrie eleison* an liotúirge ar an véarsa deiridh den tríú Salm: *Domini est salus, et super populum tuum benedictio tua.*

Cén gaol atá idir na sleachta seo agus na hachainíocha in áiteanna eile san ortha a dhealraíonn a bheith neamh-Chríostaí? Tugann Liam Breatnach léargas fíorthábhachtach ag an bpointe seo. Deir sé má fhágtar na codanna soiléire Críostaí ar lár, tá céad béim go beacht i *Nuall Fir Fhio* sa tráchtas inar tháinig sé slán chugainn agus ina dtugtar *cétnad* 'céad-dán' air. Sin againn, más ea, fianaise oibiachtúil go ndearnadh idirdhealú soiléir idir na córais chreidimh ar chúl an téacsa – cibé a cumadh é ar dhá leibhéal nó, b'fhéidir, mar is dealraithí, gur cuireadh achainíocha Críostaí mar bhreis le hábhar a bhí cumtha roimhe sin.

Dealraíonn sé dá réir sin, dála na hortha sa Leabhar Breac, go ndéanann an urnaí Chríostaí an t-ábhar amhrastúil a ghabhann roimpi dleathach agus é a thabhairt faoi smacht; sa chás seo deimhníonn na focail *Domini est salus* údarás ceannasach Dé ar gach cumas leighis agus slánaithe. B'fhéidir, áfach, go bhfuil breis i gceist: tá fí na dtéamaí sa Salm an-chosúil lena bhfuil san ortha, agus d'fhéadfadh an ghlónmhaire seo a bheith d'aon ghnó. Nuair a ailléideann an cainteoir focail ó véarsa deiridh an tSailm d'fhéadfadh sé a bheith ag tabhairt an tSailm go léir le tuiscint, agus sa tslí sin a bheith ag soláthar cúitimh dhearfa Chríostaí sa téacs leathphágánach Gaeilge. An amhlaidh a chuir duine éigin an ceathrú cuid mar bhreis níos déanaí mar gur bhraith sé, dála an tSalmaire, gurbh fhéidir a chur ina leith *Non est salus ipsi in Deo eius?* Tá sé

39. Níor chóir an iomad béime a chur ar an ngné seo. Fág nach bhfuil achainí dhíreach chun an Dé Chríostaí sna nathanna *i llúirig Laisrén* 'i lúireach Laisréin', *ní báitter mo shechtchaindel* 'ná múchtar mo sheacht gcoinneal', agus '*am sén sechtmainech*' 'is beannacht seachtainiúil mé' tá focail iasachta ón Laidin iontu agus léiríonn siad claoneolas ar a laghad ar ghnása Críostaí.

inspéise go mbaineann 'Lúireach Phádraig', ortha Ghaeilge ón ré chéanna geall leis, feidhm ar aon dul leis as an véarsa deiridh de Shalm 3 ina dhúnadh.[40] Ar cuireadh an véarsa seo le horthaí in áiteanna eile seachas in Éirinn? Sin ceist ina mbeadh léargas saineolaithe ar réimsí eile an-chabhrach.

Fág go mb'fhéidir nach gá sin, ba mhaith liom béim a chur air nach ag *sárú* ná ag *claochlú* na n-achainíocha, atá págánach de réir dealraimh, agus arb iad eithne na dá ráiteas draíochta iad, ach á gcuimsiú, atá an t-ábhar Críostaí a bhfuil feidhm á baint as anseo agus san ortha sa Leabhar Breac. Tá dhá rud á gcur in iúl ag an nguailleáil seo: ar láimh amháin, dearbhaíonn sé ceannasaíocht theagasc na hEaglaise; ar an láimh eile, admhaíonn sé tábhacht agus neamhspleáchas áirithe, ar a laghad, an traidisiún dúchais. Níl aon bhaol i dtéacsanna den sórt seo go bhfuil aineolas saonta ar na difríochtaí idir an dá chóras creidimh i gceist; braitear iad go géar ach cuirtear suas leis an dá chóras.

Focal scoir faoi *Nuall Fir Fhio*: B'fhéidir go bhfuil aithne againn ar Fer Fio ó fhoinsí eile. Dúirt Meyer gurb ionann é, dar leis, agus 'Fer Fio *sapiens* mac an ghabhann' ab Comhraire san Iarmhí, a dtugann na hannála 762 dó mar dháta báis.[41] Chomh fada agus is eol dom níl an t-ainm le fáil in aon áit eile i dtreo go bhfuil bunús maith leis an tuairim. Más é Fer Fio Chomhraire dáiríre a chum an ortha, is sampla eile é seo den cheangal idir an draíocht agus an uasaicme eaglasta, ab mainistreach i lár tíre an turas seo. I Laidin na hÉireann dealraíonn sé gurb ar shaineolaithe i léann an Bhíobla a thugtar *sapiens*; luífeadh sin go maith le húsáid chliste na dtagarthaí Bíobla atá áitithe agam.[42] Tharlódh sé go bhfuil ceangail eile á ndéanamh ag an teideal: arbh fhéidir gurbh ionann an Taircelltach *sapiens* a scríobhtar a d'éag dhá bhliain roimh Fer Fio agus an Taircelltach a bhfuil a ainm scríofa taobh leis na focail *magica ars* in Berne

40. Carey, *King of Mysteries*, 135.
41. Seán Mac Airt agus Gearóid Mac Niocaill, eag., *The Annals of Ulster (to A.D. 1131)* (Baile Átha Cliath 1983),214: 'Fer Fio m. Fabri sapiens, abas Comraire Mide, obiit'; cf. 'The Annals of Tigernach' (*RC* 17.261), agus *AFM* s.a. 757. I 'Tigernach' tugtar a ainm atharga mar 'filius Fairbri'; agus glacann na Ceithre Máistirí (agus Mac Airt agus Mac Niocaill) leis gur *Fairbre* ainm a athar. Theip orm,áfach, sampla den ainm sin a fháil in aon áit eile; molaim dá réir sin gurb é atá ar chúl na bhfoinsí ná an nath Laidine *filius fabri*.
42. Pléann Colin Ireland an fhianaise in 'Aldfrith of Northumbria and the learning of a *sapiens*' i Kathryn A. Klar et al. eag., *A Celtic Florilegium* (Lawrence, 1996), 63-77.

Stadtbibliothek MS 363, saothar eile de chuid na scoláirí ó Éirinn a bhí gníomhach ar an Mór-Roinn sa naoú haois.[43]

Tá súil agam go dtugann a bhfuil ráite romhainn blaiseadh éigin den ábhar; agus go léiríonn sé go raibh creidiúintí págánacha agus Críostaí ag dul i bhfeidhm ar a chéile go hoscailte in Éirinn agus go deimhin i measc na nÉireannach thar lear ar shlite éagsúla, spreagúla, agus – sa mhéid a bhaineann le draíocht – ar shlite praiticiúla. Dealraíonn sé go raibh an caidreamh seo ar siúl ar gach leibhéal sa tsochaí agus gur chuid é de threalamh aigne na bhfear a ndearna máistrí díobh san athbheochan Chairilínseach. Tá tátail thromchúiseacha le baint as seo go léir maidir lenár dtuiscint ar Éirinn na luath-Chríostaíochta; tá an cúram sin fós gan déanamh. Níl aon taighde déanta fós ach chomh beag, ar na himpleachtaí atá ag an bhfianaise Ghaelach ar staidéar na draíochta i gcoitinne, ná – ceist is leithne fós ná sin – ar an gcomhrac idir córais chodarsnacha chreidimh san Eoraip sa mheánaois.

AGUISÍN

Tá gaisce déanta cheana féin ag scoláirí ainmniúla ag iarraidh na téacsanna deacra seo a chiallú, agus leanas a lorg le fonn i gcás a lán dá bhfuil le teacht. I gcásanna áirithe níl déanta agam ach diúltú do chiallú a mheasas a bheith amhrasach; i gcásanna eile níor fhéadas ach tagairt dá leithéid eile in áiteanna eile. Tríd agus tharais níl sa phlé anseo ach cnuasach de mholtaí; tá súil agam go mbeidh cuid acu ina gcabhair d'eagarthóirí le teacht.

A. An dara ortha: Sankt Gallen, Stiftsbibliothek Codex 1395.

Dum-esurc-sa din [MS dian] galar fúail-se,
dun-esairc éu ét,
dun-esairc énlaithi admai ibdach.

'Fóirim orm féin ón ngalar fuail seo,
fóireann brod eallaigh orainn,
fóireann ealtaí bandraoithe orainn.'

NÓTAÍ
éu ét: Analach le *aird Goibnenn* 'brod Ghoibhneann' i C inár ndiaidh a spreag an tuairim 'brod eallaigh'. Cuimhnigh gur *i-* nó *í-*ghas é *ét* 'tréad eallaigh' go bunúsach; *éte* foirm an ghinidigh (uatha nó iolra) in áiteanna eile. Féach, áfach, Thurneysen, *Gramm.* §294 do chur síos ar an meascán a tharla cheana féin sa tSean-Ghaeilge idir *á-*, *i-*,agus *í-*ghasanna.

43. AU s.a. 760; Kenney *Sources*, 560. Féach Dumville le déanaí, *Three Men in a Boat*, 45-6 maidir leis an lámhscríbhinn.

B. An ceathrú ortha: Sankt Gallen, Stiftsbibliothek Codex 1395.

Tessurc marbbíu
ar díring, ar gothsring,
ar att díchinn,
ar fuilib híairn,
ar ul loscas tene,
ar ub hithes cú,
Rop a chrú [MS cuhrú] crinas,
teora cnoe crete,
teora féthe fichte.
Benaim a galar,
ar-fiuch fuili,
guil fuil.
Nirub att rée,
rop slán forsa-té.
Ad-muinur in slánicid fo-r-acab Dian Cecht lia muntir
corop slán ani forsa-te.

'Slánaím na mairbh-bheo
ó *díring,* ó *gothsring,*
ó at na [nathrach] gan cheann,
ó chréachta iarainn,
ó fhéasóg a loisceann tine,
ó *ub* a itheann cú.
Gurb é a fhuil a chríonann,
trí chnó a mheathann,
trí fhéith a fhíonn.
Buailim a ghalar,
Cloím créachta,
Créacht goil.
Nárab at buan,
Go mba slán an rud ar a dtéann.
Gairim an leigheas a d'fhág Dian Céacht lena mhuintir,
go mba slán an rud ar a dtéann.'

NOTAÍ
  díring, gothsring: Mhol Stokes agus Strachan an t-aistriú 'eructation' ar an gcéad fhocal, ach ní eol dom cén bunús a bhí acu leis an tuairim; agus 'spear-thong' ar an dara ceann (cf. mar atá *suainem* in úsáid le ciall mhíleata ón Mheán-Ghaeilge dhéanach ar aghaidh). Ó thaobh foirme, b'fhéidir *díring* a bheith ina ainm briathartha ag **di-sreng,* briathar nach bhfuil sampla de ar fáil (cf. *tarraing* < **to-sreng*) ach nach bhfeadar cad a chiallódh a leithéid.
  att díchinn: Cf. na himpithe in aghaidh *att,* a luaitear *naithir* mar chúis leis, i mír E inár ndiaidh; agus tnúthán an chainteora i *Nuall Fir Fhio* go gcosnófaí é ar *nathir díchuinn* 'nathair éigiallda [*nó* gan cheann?]' (Carey, *King of Mysteries,* 137).

ul: is dócha gur bunaithe ar an tuairim, nach féidir glacadh leis, gurb ionann é agus *ál* atá moladh Zeuss an focal a aistriú *fetus* 'gin' (*Grammatica Celtica*, 441). Mhol Meyer gur sampla é den fhocal *aul* 'faobhar' nach bhfuil ar fáil lasmuigh den áit seo ach in áit aonair i *Fled Bricrenn* (*Hibernica Minora*, 81 n.2). Tá tacaíocht áirithe ar fáil don réiteach seo sa mhéid go bhfuil tine agus miotal (airm?) luaite le chéile sa nath *daig hi n-umae* 'tine i gcré-umha' i mír E inár ndiaidh; ach bheadh an litriú *ul* do *aul* neamhghnách sa tSean-Ghaeilge (cf. Thurneysen, *Gramm.* §80 (c)), agus ní mór a bheith aireach sa chás seo toisc na héiginnteachta a bhaineann leis an bhfocal. Glacaim leis go sealadach gurb é an focal *ul* 'féasóg' atá i gceist agus sin ar dhá chúis: is é seo an chiall de *ul* is fearr dearfa; agus is féidir féasóg a loscadh. Ach níl ceachtar den dá chúis áititheach.

ub: 'ubh' a chiallaíonn Zeuss leis an bhfocal seo, agus 'faobhar' a chiallaíonn Meyer (loc. cit.); ach níl *ub* ar fáil sna cialla seo roimh ré na Meán-Ghaeilge déanaí ar a luaithe (*DIL* s.vv. '1 og', '2 og').

crete: Glacaim leis gurb é seo an 3 iol. láithreach coibhneasta de bhriathar **créidid,* arb é *créidim* 'cnaí, laghdú, caitheamh, díobháil' an t-ainm briathartha.

benaim a galar: Seachas *benam galar* i mír E inár ndiaidh, cf. *gono mil orgo mil marbu mil* 'ich verwunde das Tier, ich schlage das Tier, ich töte das Tier' (*ZCP* 13.106).

C. An chéad ortha:Sankt Gallen Stiftsbibliothek Codex 1395.

Ni artu ní nim,
ni domnu ní muir.
Ar nóibbríathraib ro-labrastar Crist assa chr[oich]:
Díuscart dím a ndelg,
delg díuscoilt crú,
ceiti méim méinni.
Benaim [LS bé ái] béim n-and
dod-athsceinn to-[d]-scen, tod-aig.
Rogarg fiss Goibnen.
Aird Goibnen re n-aird Goibnenn ceingeth ass.

'Ní airde aon ní ná neamh,
ní doimhne aon ní ná an fharraige.
Dar na briathra naofa a labhair Críost as a chrois:
bain an dealg asam,
an dealg a shileann fuil
....
Buailim buille air
a chuireann air preabadh amach, a chuireann air
     preabadh ar aghaidh, a thiomáineann amach é.
Is rógharg é fios Ghoibhneann.
Téadh bior Ghoibhneann amach roimh bhior Ghoibhneann.'

NÓTAÍ:

díuscoilt: Ailléideann *DIL* buille faoi thuairim Ascoli gur foirm de **di-od-scoilt-* (nach bhfuil sampla eile de ar fáil) é seo; ach is lagbhriathar an briathar simplí *scoiltid* 'scoilteann, deighleann' nach mbeadh súil leis go mbeadh sé ina bhonn dá leithéid de chomhbhriathar. Molaim glacadh leis mar *dí-*daingnithe + *scoilt* 'scoilt, deighilt', an t-ainm ar a bhfuil *scoiltid* bunaithe agus ar beag sampla de atá ar fáil; tá an guta breise tar éis *di* ar aon dul leis siúd i *dian* in áit *din* sa LS chéanna (féach romhainn).

benaim...*tod-aig*: Leanaim Thurneysen, mar inseann Vernam Hull dúinn, *ZCP* 24.234, ag leasú agus ag aistriú na línte seo.

aird: Ag ciallú an fhocail *aird* mar uirlis nó rud biorach, leanaim Stokes agus Strachan. Cé nach bhfuil ach claonsampla de sa litríocht, dealraíonn sé gur macalla ar a bhunbhrí é feidhm a bhaint as sa chiall 'bior' (*DIL*, *Lexique* s.v.).

D. An ortha sa Codex Sancti Pauli.

Ad-gúisiú fid n-allabrach 7 arggatbrain,
etir tenid 7 fraig.
Ad-gúisiu na tri turcu tercu.
Tairi ṣiabair 'mo chondáil
co n-ith 7 mlicht neich arind-chuiriur.
Ma rom-thoicther-sa inso,
rop ith 7 mlicht ad-cear.
Manim-rothcaither,
ropat choin altai 7 ois 7 imthecht slebe 7 oaic féne ad-cear.

'Táim ag tnúth le hadhmad *allabair* agus *argatbrain*,
idir tine agus falla.
Táim ag tnúth leis na trí torca tearca.
Go dtaga scáil i mo chomhdháil
le grán agus bainne cibé ar a gcuirim é.
Má tá seo i ndán dom,
gurab grán agus bainne a fheicim.
Mura bhfuil sé i ndán dom,
gurab mic tíre agus fianna agus fán ar shliabh agus óglaochra a fheicim.'

NÓTAÍ:

eter tenid 7 fraig: Molann Oskamp gurb é atá anseo ná, is é is dócha, nath comónta a chiallaíonn 'sa teach' agus 'go hiomlán' (loc. cit.); ailléideann sé *DIL* s.v. 'fraig' col. 400.30-2, mar a bhfuil tagairtí do shamplaí den nath i *Togail Bruidne Da Derga, Fled Bricrenn,* agus *Táin Bó Fraích,* mar ar léir go gciallaíonn sé 'sa teach ar fad' (LU 6796, 8051; LL 3315-6).

arind-chuiriur: D'fhág Stokes agus Strachan an focal seo gan aistriú. Ghlac Oskamp leis mar fhoirm de *ar-cuirethar* 'méadaíonn, leathnaíonn', le forainm intáite gan bhrí (op. cit. 389); ar an láimh eile, glacann McCone leis ina aistriú 'of whatever I move [my game-piece] for' (op. cit., 207) gurb é an coibhneasta den réamhfhocal *ar* le forainm neodrach cuspóireach atá in *arind-*. Réitím leis an anailís seo ach tuigtear dom gur ortha atá á cur agus nach fear imeartha atá á bhogadh.

E. An ortha sa Leabhar Breac.

> Trëéle [LS treuele] treibeoil:
> a neim hi naithir,
> a chontan hi coin,
> a daig hi n-umæ.
> Níp on [LS nifon] hi nduine.

> Trëéle [LS treuela] treibeoil:
> fuil chon,
> fuil hilchon,
> fuil fletha Flithais.
> Nip loch, nip c[h]ru,
> nip att, nip aillsiu [LS fallsiu]
> anni frisi-cuirither mo éle [LS fhele].

> Ad-muiniur teora ingena Flithais.
> A naithir, hicc a n-att!

> Benaim galar,
> benaim crecht,
> suidim att,
> fris-benaim galar,
>   ar choin gaibes,
>   ar delg goines,
>   ar iarn benas.

> Bendacht forin ngalur-sa,
> bennacht forin corp hi-tá
> bennacht forin [n]héle-sea,
> bennacht for[in] cách rod-lá [LS rotla].

Matheus, Marcus, Lucas, Hiohannis, 7 Pater prius 7 post.

> 'Trí-ortha ó thrí-bhéal
>   a nimh in nathair,
>   a chonfadh i gcú,
>   a lasair in umha.
> Nárab ainimh i nduine.

> Trí-ortha ó thríbhéal:
>   fuil chon,
>   fuil iolchon,
>   fuil fleá Flidais.

Nárab poll, nárab goin,
nárab at, nárab neascóid,
an rud ar a gcuirtear m'ortha.

Gairim triúr iníon Flidais.
A naithir, leigheas an t-at!

Buailim galar,
Buailim créacht,
Stopaim at,
Leigheasaim galar,
    ón gcú a ghabhann,
    ón dealg a phollann
    ón iarann a bhuaileann.

Beannacht ar an ngalar seo,
beannacht ar an gcorp ina bhfuil,
beannacht ar an ortha seo,
beannacht ar cibé a chuireas í.

Matha, Marcas, Lúcás agus Eoin; agus 'Ár nAthair' roimpi
    agus ina diaidh.'

NÓTAÍ:

trëéle treibeoil: Leasaigh Meyer LS *treuele* go *trefhuil* agus d'aistrigh an frása 'drei Blutwunden aus drei Mäulern' ('Heilsegen', 421-2), ach ní léir canathaobh go mbeadh ceann den dá fhocal chomhchumtha seo san iolra agus an ceann eile san uatha; ní mó ná sin is furasta *-uele* anseo a scaradh ó *fhele* níos déanaí san ortha. Glacaim leis gurb é atá i gceist sa dá chás ná *éle* 'ortha', le *-u-* agus *-fh-* curtha isteach le hiatas a thaispeáint.

    contan: Aistríonn Meyer le 'Tollwut' ag glacadh leis gurb é an focal *contan* 'cointinn' < Laidin *contentio* (cf. *DIL,* s.v.) atá ann. Sa chomhthéacs, áfach, bheadh fonn ar dhuine glacadh leis gur comhfhocal comhainmneach '*contan*', go litriúil 'con-thine/cú-thine', a chiallódh 'confadh' agus gur meascadh é leis an bhfocal Laidine toisc cosúlacht céille.

AN PIARSACH:
MISTEACHAS, MORÁLTACHT AGUS MIOTAS

CATHAL Ó HÁINLE

Scoil na Gaeilge, Coláiste na Tríonóide, Baile Átha Cliath

Ní hé an Piarsach féin mar phearsa stairiúil a bheidh faoi chaibidil agam anseo ach saothar liteartha an Phiarsaigh, idir scéalta, dhánta, dhrámaí agus aistí. Ar cheann de na deacrachtaí is mó a bhaineann le saothar cruthaitheach an Phiarsaigh, áfach, tá a dheacra atá sé an saothar agus an duine féin a choinneáil dealaithe óna chéile ar shlí a bheadh chun sástacht na gcriticeoirí óga. Tá dánta dá chuid a bhfuil an cathú iad a léamh mar dhréachtaí dírbheathaisnéiseacha beagnach doshéanta; agus deirtear go ndúirt Seosamh Pluincéad (Joseph Mary Plunkett) i dtaobh an dráma *The Singer*: 'If Pearse were dead, this would cause a sensation'.[1] Fadhb eile is ea a thréamanta a d'fhógair an Piarsach a sheilbh ar a chuid déantús focal: d'úsáid sé an t-ábhar céanna mar ábhar scéil is mar ábhar dráma, agus níor leasc leis na frásaí agus na habairtí céanna a chur chun fónaimh i ndánta agus i ndrámaí ar shlí a d'fhógair gurbh eisean a chruthaigh an chaint agus gur mhian leis lánúsáid a bhaint as torthaí a mheabhrach is a shamhlaíochta. Agus sa chás go mbaineann sé athúsáid as caint a d'úsáid sé cheana i dtéacs a bhfuil an chuma air gurb é féin an cainteoir ann, tá sé deacair gan a cheapadh gurb ionann agus é féin ar shlí éigin an phearsa a gcuireann sé an chaint ina b(h)éal i dtéacs nach bhfuil dírbheathaisnéiseach *per se*.[2] Maidir leis na scríbhinní cruthaitheacha a bheidh faoi chaibidil agam anseo, féachfaidh mé lena bplé mar dhéantúis liteartha agus

---

1. D[esmond] R[yan] in *Collected Works of Pádraic H. Pearse: Plays, Stories, Poems* [= PSP], [1917], Phoenix, 1924, 'Chronological Note', 'Appendix', vii. Is ar éigean a shéan an Piarsach an bharúil sin, más fíor do Desmond Ryan: 'Mr. Pearse rather deprecated his view that the play was entirely a personal revelation'; agus is cosúil gur mheas Ruth Dudley Edwards go raibh dul amú orthu siúd a dhiúltaigh glacadh le drámaí an Phiarsaigh mar shaothair dhírbheathaisnéiseacha: 'It is commonly denied that Pearse's plays, and *The Singer* in particular, are autobiographical, largely because to take them as such is embarrassing to his admirers; extravagances of language, and messianic utterances, are more comfortably explained away as dramatic licence, as are the doubts and self-questionings of *The Master* and *The Singer*', *Patrick Pearse: The Triumph of Failure* [= TF], Faber & Faber, London, 1979 (1977), 262.
2. Tá samplaí léiritheacha den nós seo dá chuid le fáil san Aguisín i mo dhiaidh anseo.

leis an léamh dírbheathaisnéiseach a sheachaint,[3] chomh fada is a
bhaineann le himeachtaí a bheatha agus le gnéithe dá phearsan-
tacht. Cuid den phearsantacht sin is ea dearcadh an Phiarsaigh ar an
duine agus ar an saol, ar ndóigh, agus tiocfaidh an dearcadh sin i
gceist agus a shaothar liteartha, idir scéalta, dhánta, dhrámaí agus
aistí, a phlé agam.

Tá achoimre ghrinn ghonta ar na gnéithe de shaothar an
Phiarsaigh a bhaineann le téama na sraithe seo de *Léachtaí Cholm
Cille* le fáil sa chaint seo a bhreac an Monsignor Pádraig de Brún
sa réamhrá a chuir sé le *Collected Works of Pádraic H. Pearse:
Plays, Stories, Poems*, siúd is gur gá a mheabhrú, gur in Aibreán na
bliana 1917 a scríobh an fear éirimiúil, intleachtach, léannta úd an
réamhrá sin 'i dteas na díthe', bliain tar éis Éirí Amach na Cásca
1916 agus bhás an Phiarsaigh:

> Those who look in these pages for a vision of Pagan Ireland,
> with its pre-Christian gods and heroes, will be disappointed.
> The old divinities and figures of the sagas are there, and the
> remnants of the old worship in the minds of the people are
> delineated, but everything is overshadowed by the Christian
> concept, and the religion that is found here centres in Christ
> and Mary. The effect of fifteen centuries of Christianity is
> not ignored or despised. The ideas of sacrifice and atone-
> ment, of the blood of martyrs that makes fruitful the seed of
> the faith, are to be found all through these writings; nay, they
> have here even more than their religious significance, and
> become vitalizing factors in the struggle for Irish nationality.[4]

Idéalaí ab ea an Piarsach ó thús deireadh agus bhain an t-idéal-
achas sin lena dhearcadh ar chúrsaí creidimh. Níor leor leis an
gnáthchreideamh Críostaí a thugann ar an duine a aithint go bhfuil
Dia ann in aontacht na Tríonóide, Athair, Mac agus Spiorad
Naomh, agus a ghlacann leis go bhfuil bearna idir an diagacht agus
an daonnacht atá dotheoranta dothrasnaithe ach amháin i bpearsa
an Mhic, Íosa Críost. D'áitigh sé gur dhual don Ghael a bheith in
ann an bhearna sin a thrasnú agus caidreamh a dhéanamh le Dia is
leis na naoimh is na haingil ar bhealach misteach. Mhínigh sé gurb

3. Rud nár éirigh liom a dhéanamh faraor san aiste phrintíseachta 'Ó Pheann an
Phiarsaigh', *Irisleabhar Muighe Nuadhat* 1962, 33-41.
4. P. Browne in PSP, 'Introduction', xvii.

é a bhí san fhíormhisteachas Gaelach 'the mysticism which recog-
nises no real dividing line between the seen and the unseen, and to
which the imagined experience is often more vivid than the real
experience.'[5] Bhí an 'fine mysticism' sin á nochtadh i litríocht
Ghaeilge na Meán-aoiseanna agus i litríocht na Gaeilge ó shin i
leith, dar leis an bPiarsach:

> Now I claim for Irish literature, at its best, these excellences:
> a clearer than Greek vision, a more generous than Greek
> humanity, a deeper than Greek spirituality. And I claim that
> Irish literature has never lost these excellences: that they are
> of the essence of Irish nature and are characteristic of mod-
> ern Irish folk poetry even as they are of ancient Irish epic
> and of medieval Irish hymns.[6]

Más mar sin a bhí an Gael féin agus litríocht na Gaeilge, ba dhual
don pháiste Gaeltachta an dúchas sin a shealbhú agus a
sheachadadh:

> The unseen powers have always been very close to Irish-
> speaking men. I have known old people who lived in famil-
> iar converse with the unseen; who knew as it were by sight
> and by the sound of their voices Christ and Mary and many
> familiar saints. Now that intimacy with spiritual things is
> very characteristic of Irish literature. One finds it in the mys-
> tical hymns of the Middle Ages; one finds it in the folk-tales
> of the Western countrysides; one finds it in many exquisite
> folk-songs … Christ and Mary have been incorporated into
> the Gaelic clan; and Irish peasant women can keen Christ
> dead with as real a grief as they keen their own dead. I have
> many times seen women sob as they repeated or listened to
> 'The Keening of Mary' … A people so gifted must bring in
> their turn a very precious gift to literature; for is it not the
> function of literature by making known the real and imag-
> ined experiences of gifted souls to reveal to common men all
> the hidden splendours of the world and to make vocal its
> silent music?[7]

5. 'Some Aspects of Irish Literature', *Collected Works of Pádraic H. Pearse:
Songs of the Irish Rebels* … [= SIR], 158.
6. SIR, 133.
7. SIR, 157-8.

Consider the Irish-speaking child … The intense spirituality,
the astonishing faith, the deep reverence for things unseen
which characterised the old Gael are his birthright.
And he has within him the wondrous power to hand down this glow-
ing tradition to countless future generations.[8]

Theastaigh ón bPiarsach an traidisiún sin a athchruthú ina
shaothar liteartha féin agus ar an gcaoi sin lúb úrnua a chur le
slabhra na litríochta Gaelaí; go deimhin is léir gur thábhachtaí leis
'Íosagán' agus 'An Mháthair', dhá scéal inar léirigh sé nach bhfuil
aon teorainn idir an saol infheicthe agus an saol dofheicthe, ná aon
scéal eile dá chuid, agus gur theastaigh uaidh aird ar leith a tharr-
aingt orthu. Níorbh é 'Íosagán' an chéad scéal dár fhoilsigh an
Piarsach, ach an ceathrú ceann; mar sin féin, nuair a d'fhoilsigh sé
an chéad bhailiúchán beag scéalta sa bhliain 1907, thug sé tús áite
ann do 'Íosagán', rud a d'fhág, de réir nós na linne, gur chuid de
theideal an leabhair teideal an scéil sin chomh maith: *Íosagán agus
Sgéalta Eile*. Arís eile bhí an dá scéal 'Bríghid na nAmhrán' agus
'Bríghid na Gaoithe'[9] foilsithe aige chun tosaigh ar 'An Mháthair',
ach nuair a chuir sé an dara bailiúchán amach i 1916, is do 'An
Mháthair' a thug sé tús áite ann, sa chaoi gur chuid de theideal an
leabhair sin ar an gcaoi chéanna teideal an scéil úd: *An Mháthair
agus Sgéalta Eile*. Anuas air sin, rinne sé dráma de scéal Íosagáin
agus léiríodh ar an ardán é i Scoil Éanna i bhFeabhra na bliana
1910 agus arís i mBealtaine na bliana 1915 san Irish Theatre a bhí
curtha ar bun ag Tomás Mac Donncha agus Seosamh Pluincéad i
Halla Shráid Hardwicke. Rinne sé leagan Béarla den dráma sin
freisin, faoi mar a chuir sé Béarla ar dhráma eile dá chuid, *An Rí*,
agus ar a chuid dánta Gaeilge.

In 'Íosagán' tagann an Leanbh Íosa i measc na bpáistí i mbaile i
gConamara le gur féidir le Sean-Mhaitias labhairt leis. Ar chúis
éigin, níl Sean-Mhaitias tar éis a bheith ag an Aifreann le tuilleadh
agus trí scór bliain ach dá ainneoin sin, toisc gur mór é a chion ar
na páistí, tugann Íosagán cuireadh dó a mhuinín a chur i nDia. An
oíche a bhfuil Sean-Mhaitias ag saothrú an bháis cuireann Íosagán
fios ar an sagart; tagann seisean agus éisteann sé faoistin an
tseanfhir agus cuireann an ola air, agus faigheann Sean-Mhaitias

8. 'The Irish-speaking Child', *An Claidheamh Soluis*, 5 Eanáir, 1907, 7.
9. An chéad chuid de 'An Bhean Chaointe' in *An Mháthair agus Sgéalta Eile*.

bás go suaimhneach.[10] In 'An Mháthair' bean óg is ea Máire atá
pósta le roinnt blianta agus atá cráite de bhrí nach bhfuil páiste aici:
bíonn sí ag guí Dé páiste a thabhairt di agus á céasadh féin ag iarr-
aidh croí Dé a bhogadh, ach tá sé fánach aici. Cloiseann sí ó na mná
comharsan go dtagann Muire agus an Leanbh Íosa thart ar na bailte
oíche Nollag, agus go dtagann siad isteach i dtithe a bhfágtar an
doras ar oscailt agus coinneal san fhuinneog. Fágann Máire an
doras ar oscailt agus coinneal ar lasadh san fhuinneog oíche Nollag,
tagann Muire agus an Leanbh chuici, iarrann sí beannacht orthu,
cuireann siad beannacht uirthi, agus faoi cheann bliana ina dhiaidh
sin tá páiste aici.[11]

I nóta a chuir sé leis an leagan Béarla den dráma a bhunaigh sé
ar an gcéad scéal acu sin, mhínigh an Piarsach gur díspeagadh
ceana den ainm 'Íosa' é 'Íosagán' agus go bhfuil sé le fáil i ndán a
chuirtear i leith Naomh Íde.[12] Is i ngluais le *Féilire Óengusso* atá an
dán sin le fáil. De réir an scéilín a ghabhann leis an dán mar bhrol-
ach, d'iarr Íde go gcuirfí Íosa chuici mar leanbh le go bhféadfadh
sí é a oiliúint, agus fuair sí a hachainí:

Ísucán
alar lium im dísiurtán; …
atá 'na phurt túasucán
cía beith im ucht Ísucán.[13]

10. Féach Cathal Ó Háinle (eag.), *Gearrscéalta an Phiarsaigh* [= GP], Cló
Thalbóid, Baile Átha Cliath, 1999 (1979), 51-60.
11. Féach GP, 94-99.
12. PSP, [102].
13. Gerard Murphy, *Early Irish Lyrics*, [1956], The Clarendon Press, Oxford,
1962, 26-8. Bhí Íde suas thart ar lár an séú céad, agus measann Gerard Murphy gur
thart ar A.D. 900 a cumadh an dán (*ibid.*, 183). An scéal go raibh Íosa ar altramas
ag ban-naomh, insítear é faoi mhórán naomh (féach James F. Kenney, *The Sources
for the Early History of Ireland,* Vol. I, Columbia University Press, New York,
1929, 390), agus ar ndóigh is fada 'Muire na nGael' á thabhairt ar Bhríd. Tá dath
ar bharúil James Carney gur go meafarach a tuigeadh caint Íosa, 'Is iad mo
mháthair agus mo bhráithre, iad siúd a chluineann briathar Dé agus a dhéanann dá
réir' (Lúcás 8.21), i dtosach, ach gur tagraíodh í go litriúil do naoimh áirithe ina
dhiaidh sin (féach 'Old Ireland and her Poetry', Robert McNally SJ (eag.), *Old
Ireland*, Gill & Son, Dublin, 1965, 166). Níl sé soiléir ón dán cén ceann den dá bhrí,
altramaíonn nó *tugann an chíoch dó*, atá leis an bhfocal *alar < ailid*. An dá cheann,
b'fhéidir. An scéilín próis atá ag gabháil mar bhrolach leis an dán sin sa ghluais ar
Félire Óengusso (féach Whitley Stokes, *Félire Oengusso Céli Dé*,[2] Henry
Bradshaw Society, London, 1905, 42-44), tugann sé le fios gur ag tabhairt na cíche
d'Íosagán a bhí Íde. De réir an scéilín sin (a dtugann Kenney 'disgusting story' air
(389, n. 55) is amhlaidh go raibh daol a bhí chomh mór le measán á diúl agus go
raibh a cliathán uile scriosta aige. Mharaigh na mná rialta eile a bhí ina clochar (Cill

Soláthraíonn an nóta úd, dá bhrí sin, an ceangal idir scéal sin an
Phiarsaigh agus traidisiún meánaoiseach na litríochta cráifí sa
Ghaeilge, agus, is dócha, idir an traidisiún úd agus ábhar eile den
sórt sin uaidh. Rud leanúnach ab ea traidisiún Gaelach na
cráifeachta, áfach; bhí an creideamh sin fós beo i measc na ndaoine,
agus d'fhógair an Piarsach go raibh an dá scéal sin, 'Íosagán' agus
'An Mháthair', bunaithe go huile is go hiomlán ar chreideamh na
muintire:

> In bringing the Child Jesus into the midst of a group of boys
> disputing about their games, or to the knee of an old man who
> sings nursery rhymes to children, I am imagining nothing
> improbable, nothing outside the bounds of the everyday
> experience of innocent little children and reverent-minded
> old men and women. I know a priest who believes that he
> was summoned to the death-bed of a parishioner by Our Lord
> in person; and there are many hundreds of people in the coun-
> tryside I write of who know that on certain nights Mary and
> her Child walk through the villages and if the cottage doors
> be left open, enter and sit awhile at the firesides of the poor.[14]

Tá dhá áit eile i saothar an Phiarsaigh a dtarlaíonn teagmháil idir
an duine agus pearsa ó na Flaithis. Sa scéal 'Na Bóithre' tagann

Íde) an daol, agus, toisc, is cosúil, go raibh sí míshásta nuair a ceileadh an fhaill
fulaingte sin uirthi, is an luach saothair spioradálta a bheadh aici dá barr, dúirt Íde
nach nglacfadh sí rud ar bith ó Dhia mura dtabharfadh sé a Mhac di 'i riocht
naíonáin le haltram' .i. lena cíoch a dhiúl in áit an daoil, ní foláir. Is óige an scéilín
sin ná an dán; ach pé ní é i dtaobh an daoil (ar dócha gur mar mheafar don ailse is
cóir é a thuiscint, féach J. F. Kenney (ibid.), ní móide go raibh údar an scéilín ag
dul amú nuair a bhain sé de chiall as an dán gur 'i riocht naíonáin' a tháinig Íosa
chuig Íde: sin é is brí, ní foláir, leis an díspeagadh, 'Ísucán', leis na foirmeacha
díspeagtha eile focal ('dísiurtán, do-ísatán, císucán, túasucán'), agus leis an líne a
deir gur in ucht Íde a bhíonn Ísucán (6d).
14. Patrick H. Pearse, The Story of a Success [= SS] (eag. Desmond Ryan),
Maunsell & Co., Baile Átha Cliath, 1917, 44. An cuntas úd i ndeireadh 'Íosagán'
ar an gcaoi ar chuir Íosagán fios ar an sagart nuair a bhí Sean-Mhaitias ag saothrú
an bháis, tá gaol aige, ba dhóigh liom, leis an gcuntas a thugtar in 'The Ballad of
Father Gilligan' le W.B. Yeats ar an gcaoi ar chuir Dia aingeal le freastal ar fhear a
bhí i mbéala an bháis in áit an tseansagairt, Peter Gilligan, tráth a thit seisean a
chodladh tar éis dó glaoch ola a fháil agus nár dhúisigh sé go dtí go raibh an fear
tinn básaithe (féach A. Norman Jeffares (eag.) Yeats's Poems, Macmillan London
Ltd., 1989, 82-3). Agus an nós úd an choinneal a chur ina seasamh ar leic na fuinn-
eoige oíche Nollag, tá sé fós á chleachtadh, ar ndóigh, ag mórán daoine, go fiú,
b'fhéidir, ag daoine nach mór é a gceideamh Críostaí.

speabhraídí ar Nóra de bharr na histéire a ghineann an faitíos agus
an chiontacht inti de bhrí go gceapann sí go bhfuil peaca uafásach
déanta aici rá is go bhfuil sí tar éis 'ceithre bréaga móra a dhéanamh
leis an sagart'. Feiceann sí fís scanrúil ina bhfuil Íosa ag fulaingt a
pháise agus ag lorg cabhrach.[15] Agus i ndeireadh an dráma *The
Master*, nuair atá an rí, Dáire, ag bagairt an bháis ar Iollann Beag,
an dalta is óige agus is dílse de chuid an aba, Ciarán, iarrann Iollann
ar an ardaingeal Mícheál teacht i gcabhair air, agus tagann sé:

> **Iollann Beag.** Fear not, little Master, I remember the
> word you taught me … Young Michael, stand near me!
> *The figure of a mighty Warrior, winged, and clothed in
> light, seems to stand beside the boy. Ciaran bends on one
> knee.*
> **Daire.** Who art thou, O Soldier?
> **Michael.** I am he that waiteth at the portal. I am he that
> hasteneth. I am he that rideth before the squadron. I am he
> that holdeth a shield over the retreat of man's host when
> Satan cometh in war. I am he that turneth and smiteth. I am
> he that is Captain of the Host of God.
> *Daire bends slowly on one knee.*[16]

Seachas an fhís in 'Na Bóithre' a chuirtear i láthair mar rud a
samhlaíodh, tá deacracht i dtaca le dóchúlacht de ag baint leis an
gcaoi a gcuirtear na heispéiris osnádúrtha seo i láthair i saothar an
Phiarsaigh, rud a thuig sé féin, is cosúil.[17] Ach má fhágaimid an
fhadhb liteartha sin i leataobh, fós tá sé deacair a dhéanamh amach
cén mheabhair ba chóir don léitheoir a bhaint as na heispéiris seo.
Is é loighic an chreidimh é gur féidir le Dia é féin a thaispeáint do
dhaoine is a chuid aingeal a chur ag triall orthu agus gur féidir leis
fadhbanna an duine a réiteach go míorúilteach. Ach is é gnáth-
thuiscint an ghnáth-Chríostaí gur tarluithe eisceachtúla iad físeanna

15. GP, 114. Glacann diagairí leis go gcaitear glacadh le heispéiris mhisteacha a
bhíonn ag daoine de bharr drugaí a thógáil nó de bharr thinneas siceolaíochta ar nós
ghruamacht mháine nó histéire, mar eispéiris dhleathacha mhisteacha (féach
Mircea Eliade (eag.), *The Encyclopedia of Religion* vol. 10, Macmillan Publishing
Co., New York, Collier Macmillan Publishers, London, 1987, 247.
16. PSP, 99.
17. I dtaca le 'Íosagán' (an dráma), féach GP, 37. Maidir le *The Master*, ní foláir
gurb é atá sna focail '*seems to stand*' iarracht lena thabhairt le fios gur i bhfís de
shaghas éigin a fheictear an t-ardaingeal Mícheál, ach ní go rómhaith a réitíonn sé
sin leis an tuiscint go labhraíonn seisean agus go bhfeiceann agus go gcloiseann
Dáire agus Ciarán é.

agus míorúiltí agus teagmhálacha le pearsana osnádúrtha,[18] sa tslí gur deacair a cheapadh go nglacfadh mórán daoine leis go mbainfeadh an ghné seo de scéalaíocht an Phiarsaigh leo féin ar chor ar bith agus gur dóichí go gceapfaidís go raibh a chuid idéalachais míréalaíoch ar fad.

Maidir leis an dara gné de chúrsaí reiligiúin, an mhoráltacht, tá roinnt bheag scéalta de chuid an Phiarsaigh a dtagann an mhoráltacht phearsanta i gceist iontu, ach tá laige ag baint leis an ionramháil a dhéantar ar an ábhar sin iontu. Déanann na príomhphearsana, Nóra agus Antaine, rudaí atá mícheart sna scéalta 'Na Bóithre' agus 'An Gadaí', ach, toisc gur páistí iad, is deacair a cheapadh go bhfuil aon chúis throm i gceist, agus ar chaoi ar bith réitítear an fhadhb sa dá chás i gcríochbheart atá thar a bheith maoithneach. Tá fadhb mhorálta i gceist in 'Íosagán' freisin, ceann a bhaineann le dlí eaglasta an Domhnaigh seachas le haon cheann de na deich n-aitheanta, ach seachnaítear an deacracht nuair a áitíonn an sagart ar na máithreacha go gcaithfidh sé gur duine maith é sean-Mhaitias, fiú mura dtéann sé ar an Aifreann Dé Domhnaigh, mar go bhfuil grá mór aige do na páistí, rud a fhágann go bhfuil sé inchurtha lenár Slánaitheoir agus leis na naoimh is glórmhaire ar neamh.[19] Tá dhá scéal thábhachtacha dá chuid ina dtagann an mhoráltacht phoiblí i gceist iontu mar go bhfuil an t-údarás poiblí ina ghné thábhachtach díobh: is iad sin 'An Dearga-daol' agus 'An Bhean Chaointe'.

18. Is é an ghnáth-thuiscint go mbaineann na tarluithe sin leis an misteachas: mar shampla, tugann James Carney 'this wholly mystical idea' ar an mbunús atá leis an dán 'Ísucán' (*op. cit.*, 167); agus go deimhin is fíor go bhfeiceann mistigh áirithe (m.sh. N. Mechtild, N. Catherine Shiena) físeanna. Mar sin féin, séanann cuid de na mistigh gurb amhlaidh atá (m.sh. ní ghlacfadh Eoin na Croise leis gur bhain físeanna coincréiteacha leis an eispéireas misteach) agus is é an cineál sainmhínithe ar an misteachas is mó a bhfuil glacadh leis ag diagairí an lae inniu ná gurb é atá ann 'a state of consciousness that surpasses ordinary experience through the union with a transcendental reality' (féach *The Encyclopedia of Religion* vol 10, 246) nó 'knowledge of God by experience, arrived at through the embrace of unifying love' nó 'the direct, intuitional experience of God through unifying love' (féach *New Catholic Encyclopedia*, McGraw-Hill Book Company, New York etc., 1967, 175, 179).

19. Lochtaigh an Dr. Risteard de Hindeberg an scéal seo go mór i dtaca leis an teanga agus le hionramháil an ábhair ann (féach GP, 22-3). Tá sé íoróineach go gcáinfeadh sagart scéal cráifeach. Ní mé, áfach, an bhféadfadh sé a bheith i gceist go raibh de Hindeberg míshásta freisin leis na tuiscintí a bhí á gcur i gcion sa scéal .i. go raibh rudaí níos tábhachtaí i saol an Chaitlicigh ná Aifreann an Domhnaigh, agus go dtiocfadh Íosa ar an saol le caidreamh a dhéanamh le duine nár chleacht a chreideamh agus lena shábháil?

In 'An Deargadaol' insíonn an reacaire, fear siúil as Dúthaigh
Sheoighe, gur fhógair sagart na háite lenar bhain sé roimhe seo, gur
fhógair sé bean de chuid na háite sin agus gur chuir sé mallacht
uirthi os comhair an phobail ag an aifreann, Domhnach amháin, i
ngeall ar pheaca náireach éigin a bhí déanta aici, agus gur ordaigh
sé don phobal gan caidreamh a dhéanamh léi nó go dtuillfidís
damnú síoraí faoi mar a bhí damnú síoraí tuillte aici féin.

Rinne an
pobal rud ar an sagart: rinne siad baghcat ar an mbean; de réir a
chéile ligeadh a hainm is a sloinne i ndearmad agus ní thugtaí uirthi
ach 'An Deargadaol', an leasainm maslach a thug an sagart uirthi;[20]
tosaíodh ag ceapadh go raibh an drochshúil aici agus bhí faitíos
mór ar dhaoine roimpi. Nuair a thit iníon bheag an fhir shiúil
isteach i lochán uisce, tharrtháil an Deargadaol í, agus d'éirigh an
páiste ceanúil uirthi agus thosaigh ag dul ar cuairt chuici go rialta,
agus níor choisc a hathair ná a máthair í. Tar éis don fhear siúil cros
an tsagairt a shárú ar an gcaoi sin, tháinig an mí-ádh air: fuair a
iníon bás, fuair a bhean bás ina dhiaidh sin i mbreith linbh agus
bhásaigh an leanbh freisin; tháinig galar ar a chuid beithíoch; agus
chuir an tiarna amach as a ghabháltas é. Siúd is nach ndeirtear go
soiléir amach é, tugtar le tuiscint go nglacann an fear siúil leis gurb
é mallacht an tsagairt ba chionsiocair lena chuid trioblóidí.

I dtaca le foirm de, ar éigean má tá rud ar bith sa scéal ach
tuairisc ar sheanchas an fhir siúil, rud a fhágann gurb é an scéal is
simplí dár scríobh an Piarsach é. Mar sin féin, tá na léirmheastóirí
ar fad den bharúil gurb é an scéal is fearr dá chuid, agus bhí an
Monsignor Pádraig de Brún ar thús cadhnaíochta ag nochtadh na
barúla sin:

> In [*An Mháthair agus Scéalta Eile*] we are told of 'the heavy
> and the weary weight' that lies on the hearts of the Western
> poor. We see … the listless face of the old tramp, who tells
> how through the Dearg-daol he had lost his luck, his farm

20. Mínítear an leasainm sa scéal féin: ' … na trí feithidí is mallaithe ar an
domhan, an nathair nimhe, an dreoilín agus an deargadaol. Agus 'sé an deargadaol
an fheithide is mallaithe acu' (GP, 100). De réir an bhéaloidis, is é is bun le mall-
aitheacht an deargadaoil, gur sceith sé ar Íosa tráth a raibh sé ar a theitheadh (féach
Pádraig Ó Héalaí, *An Slánaitheoir ag Siúl ar an Talamh: Finscéalta i mBéaloideas
na hÉireann faoi Shaolré Phearsana an Tiomna Nua*, tráchtas neamhfhoilsithe
dochtúireachta, Roinn Bhéaloideas Éireann, An Coláiste Ollscoile, Baile Átha
Cliath, 1993, 1.92.1). Nuair a bhí mé féin óg (c. 1945-'50), thugadh gasúir an bhaile
(Baile na hAbhann, Áth Luain, Co. na hIarmhí) *dawrdeel ar an té inár measc a
chuir olc ar an gcuid eile.

and his family, and had become 'a walking man, and the roads of Connacht before him … ' The manner of narration in these stories is brief and severe; there is scarcely a phrase too many, and even purists would be hard set to detect an alien note. The most perfect instance seems to me to be the story of the 'Dearg-daol'.[21]

Tá sé suntasach go raibh an Monsignor sásta an scéal sin a mholadh chomh mór sin ainneoin go bhfuil an mhí-úsáid a bhain sagart an scéil as a chuid údaráis ina ghné rí-thábhachtach den scéal. Mar a shonraigh mé sa réamhrá le *Gearrscéalta an Phiarsaigh*, 'go hiondúil, ní mar fhoinse údaráis a léirítear an sagart i scéalta … an Phiarsaigh, ach mar chrann taca an phobail, mar anamchara agus mar chomhairleoir caoin' (lch. 38). Eisceacht is ea an scéal seo ar an gcaoi sin, agus chuimhneodh duine, mar a chuimhnigh Séamus Ó Searcaigh, ar an difríocht idir sagart an scéil agus Críost féin:

> Smaointeoidh an léitheoir ar an mhnaoi ar a léitear sa tSoiscéal a thug na Scríobhaithe agus na Fairisínigh i láthair Chríost le breith bháis a thabhairt uirthi, agus ar fhreagra ár Slánaitheora orthu: 'An té atá saor caitheadh sé an chéad chloch.' Mar d'imigh lucht a ciontaithe, duine ar dhuine, go dtí nach raibh fágtha ach ise agus Críost, agus mar dúirt seisean, nuair nár fhan duine lena ciontú, nach gciontódh seisean í ach oiread. 'Imigh romhat agus ná déan peaca feasta', arsa an Slánaitheoir.
>
> Níorbh amhlaidh sin don tsagart agus don phobal sa scéal seo.[22]

Ach níor fhéach Ó Searcaigh le dul go cnámh na huillinne leis an gcúis, rud a léiríonn, is dócha, an smacht a bhí ag an sagart ar an ngnáth-chaitliceach fós i ndeireadh na dtríochaidí agus an faitíos a bheadh ar leithéid an tSearcaigh an sagart a lochtú ró-mhór fiú i modh léirmheasa liteartha. Deir sé:

> Tá dhá rud le feiceáil i [scéal] an Phiarsaigh, an mí-ádh a thig ar an té a mbíonn caidreamh ar bith aige leis an duine ar

21. PSP, 'Introduction', xii-xiii.
22. *Nua-sgríbhneoirí na Gaedhilge*, Brún agus Ó Nualláin, Teor., [Baile Átha Cliath, 1934], 56-7.

a gcuirtear mallacht, agus éagcóir an phobail ar mhnaoi a rinne peaca nach maithfidh an sagart ná an pobal di.[23]

Tar éis go nglacann an fear siúil leis gurb é mallacht an tsagairt ba chúis leis an mí-ádh a tháinig air, tá an scéal curtha i láthair ag an bPiarsach ar shlí a fhágann nach gá don léitheoir glacadh leis gur mar sin a bhí (ag cur i gcás go bhféadfadh sé a bheith amhlaidh ar aon chor) ach gur féidir leis a cheapadh go bhféadfadh cúiseanna nádúrtha a bheith leis na tubaistí ar fad a bhain dó. Cá bhfios nach tinneas éigin a bhuail an cailín beag de bharr an fhliuchta a bhain di nuair a thit sí isteach sa lochán nó ar chúis éigin eile ar fad? Ba mhór ar fad an priacal a bhain leis an mbreith sna blianta atá imithe de bharr a olcas a bhí cúrsaí íce timpeall ar an mbreith, agus is iomaí bean a cailleadh i mbreith linbh agus is iomaí páiste nár mhair. Ar an gcaoi chéanna ní raibh mórán den rath ar chúrsaí tréadliachta agus is iomaí galar a thagadh ar bheithígh nach raibh inleighis. Agus is minic a chuir tiarna talúna a chuid tionóntaí as seilbh. Ní gá, mar sin, glacadh leis go bhfuil sé i gceist ar chor ar bith sa scéal go raibh toradh ar bith ar an gcaoi sin ar an mallacht a chuir an sagart ar an mbean bhocht agus ar aon duine a dhéanfadh caidreamh léi.

Is léir, áfach, go bhfuil sé go mór i gceist go raibh toradh ar mhallacht an tsagairt ar bhealach eile. Glacann an Searcach leis go raibh an pobal chomh ciontach céanna leis an sagart sa chás seo. Ach tá scéal an Phiarsaigh bun os cionn uile le scéal an tSoiscéil. Dhamnaigh na Scríobhaithe agus na Fairisínigh an bhean sa Soiscéal (Eoin 8.1-11) agus thug siad i láthair Íosa í le go ndamnódh seisean í freisin, ach dhiúltaigh sé géilleadh dóibh agus thug maithiúnas di. Ní deirtear i scéal an Phiarsaigh gur iarr duine ar bith ar an sagart an Deargadaol a dhamnú; dhamnaigh seisean í as a stuaim féin agus bhagair damnú ar aon duine sa phobal a dhéanfadh caidreamh léi. De bharr ghradam agus stádas morálta an tsagairt, ghéill an pobal dó, ghlac siad leis go raibh an Deargadaol damanta i ndáiríre agus sheachain siad í mar a d'ordaigh an sagart dóibh a dhéanamh. Go deimhin is léir gur in aghaidh a gcuid claontaí féin a rinne an fear siúil agus a bhean amhlaidh. Nuair a tharr-tháil an Deargadaol a n-iníon ó bhá, chuir siad a mbuíochas in iúl di agus chuir beannacht Dé uirthi. Nuair a fuair an cailín beag bás bhí a fhios acu nár mhó a mbrón féin ná a brónsa, bhí trua acu don

23. *Ibid*, 56.

chréatúr bocht uaigneach agus d'fhéach siad le caidreamh a
dhéanamh léi. Is é éirim an scéil gurb é an sagart a bhí ciontach, go
ndearna sé éagóir, ní amháin ar an mbean ar ar thug sé 'An
Deargadaol' nuair a dhiúltaigh sé maithiúnas a thabhairt di agus ina
áit sin gur dhamnaigh sé go poiblí í, ach ar an bpobal freisin nuair
a thug sé orthu an caidreamh Críostaí a shéanadh.

Ba mhisniúil an mhaise don Phiarsach é an scéal sin a fhoilsiú i
mblianta tosaigh na haoise seo agus mí-úsáid na cumhachta ag an
gcléir a cháineadh chomh follasach sin trína bhíthin. Ní móide go
bhféachfadh aon sagart sa lá atá inniu ann dul chomh glan sin in
aghaidh teagasc Chríost i dtaobh an mhaithiúnais, agus dá ndéan-
fadh féin is cinnte nach ngéillfeadh an pobal chomh humhal sin dó.
Mar sin féin, ní mór do shagairt a bheith i gcónaí ar a n-airdeall roimh
chathú na cumhachta. Dúradh uair éigin: 'Power corrupts, and
absolute power corrupts absolutely'. Faraor, féadann sin a bheith fíor
fiú i dtaobh na cumhachta spioradálta, agus níor mhiste do shagairt
dheireadh an fichiú céad aird a thabhairt ar scéilín sin an Phiarsaigh.

Tá mí-úsáid na cumhachta faoi chaibidil sa scéal 'An Bhean
Chaointe' freisin, agus is é cumhacht an stáit is an dlí atá i gceist sa
chás seo. Tá sé suimiúil gur úsáid an Piarsach an reacaireacht sa
scéal seo, fearacht mar a rinne sé in 'An Deargadaol', le deis a
thabhairt do bhaill an phobail a dtuiscint ar na himeachtaí a
nochtadh. Fágann sé sin go bhfuil 'fírinne' an scéil, mar a déarfá,
éiginnte sa chás seo freisin, rud a fhágann gur gné thábhachtach den
scéal is ea ceist na fianaise .i. iontaofacht na fianaise (ar an dá
thaobh) agus an úsáid is an mhí-úsáid a bhaintear as an bhfianaise.

Maraíodh tiarna talún go fealltach mar go ndúradh go raibh sé le
seacht muirín a chur as seilbh. Cuireadh an dúnmharú i leith fir óig
darbh ainm Cóilín agus fuarthas ciontach é mar gur tugadh fianaise
gur chualathas é á rá gur chóir an tiarna a mharú agus mar gur thug
na póilíní fianaise go raibh sé i láthair nuair a caitheadh an tiarna.
Daoradh chun báis é, ach in áit é a chur chun báis gearradh príos-
úntacht saoil air. Fuair sé bás sa phríosún agus chuaigh a mháthair,
ar bhaintreach í agus nach raibh de chlann aici ach Cóilín, chuaigh
sí as a meabhair le buairt agus le dólás.

Strainséir ar a dtugtar 'an fear dubh' a dúirt go raibh an tiarna le
tionóntaí a chur as seilbh agus a shaighid Cóilín agus a chomh-
arsana lena mharú. Tugadh fianaise go raibh an fear dubh sin i
láthair freisin nuair a maraíodh an tiarna, ach níor tugadh os
comhair na cúirte ach Cóilín. Deir an reacaire a thugann cuntas ar

na himeachtaí go gcreideann sé gur pílear ó Chaisleán Bhaile Átha
Cliath a bhí san fhear dubh,[24] ach má ba ea, ní léir céard a bhí le
gnóthú ag an rialtas trí bhíthin mharú an tiarna agus phríosúntacht
agus bhás Chóilín. Laige mhór ar an scéal is ea é sin. Ach is é croí
an scéil go bhfuil an fhianaise a chiontaíonn Cóilín fíorlag. Duine
den bheirt a bhí i láthair nuair a maraíodh an tiarna, buachaill
tuaithe a bhí ann a raibh culaith bháiní á caitheamh aige. Culaith
bháiní a bheadh a chaitheamh ag gach buachaill dá shórt ag an
am, ach fós, nuair a cuireadh brú air, mhionnaigh an pílear gurbh é
Cóilín a bhí ann:

'"Cén sórt éadach a bhí an buachaill tuaithe a
chaitheamh?" arsa an dlíodóir.
"Culaith bháiní," a deir an pílear.
"Arbh shin é an fear a chonaic tú?" arsa an dlíodóir, ag
síneadh a mhéir chuig Cóilín.
"Déarfainn gurb é."
"An mionnaíonn tú gurb é?"
Níor labhair an pílear ar feadh scaithimh.
"An mionnaíonn tú gurb é?" arsa an dlíodóir arís.
"Mionnaím," arsa an pílear. Ba bháine éadan an phílir an
nóiméad sin ná éadan Chóilín féin.'[25]

Thug na comharsana agus an sagart fianaise charachtair go leor
ar son Chóilín, ach ní raibh aon bhrí ina bhfianaise in aghaidh
fhianaise na bpílear.
Is é éirim an scéil, áfach, go gcreideann an reacaire a thugann
cuntas ar na himeachtaí ar fad, gur fianaise bhréagach ab ea an
fhianaise a thug an pílear i gcoinne Chóilín mar nach bhféadfadh sé
mionnú go macánta gurbh é Cóilín a chonaic sé ar láthair an
mharaithe. Is san éagóir, mar sin, a daoradh Cóilín chun báis agus
a gearradh príosúntacht saoil air, dar leis, agus is de bharr na
héagóra sin a fuair Cóilín bás sa phríosún agus a chuaigh a
mháthair as a meabhair. Anuas air sin tugtar le tuiscint i ndeireadh
an scéil go bhfuil camastaíl an rialtais ghallda, ar sampla di atá san
éagóir a rinneadh ar Chóilín, go bhfuil sé ag saighdeadh an phobail
chun fuatha agus chun ceannairce, ainneoin gur dual dóibh a bheith
cneasta séimh macánta:

24. GP, 133.
25. GP, 139.

'A dheaide,' arsa Seáinín go tobann, 'nuair a bhéas mise i
m'fhear, maróidh mé an fear dubh sin.'
'Go sábhála Dia sinn,' a deir mo mháthair.
Leag m'athair a lámh ar chloigeann Sheáinín.
'B'fhéidir, a mhaicín,' ar seisean, 'go mbeadh muid uilig
ag baint teaillí-hó as an arm dubh sula rachas cré orainn.'
'Tá sé in am Paidrín,' a deir mo mháthair.[26]

Tá léiriú fiúntach sa dá scéal sin ar an tionchar a bhíonn ag mí-
úsáid an údaráis agus na cumhachta ar dhearcadh agus ar iompar an
phobail. Tá plé an-ionraic i ndán de chuid an Phiarsaigh, 'A Mhic
Bhig na gCleas' a foilsíodh i dtosach ar *An Macaomh* sa bhliain
1909, ar an tslí a bhféadann an laige mhorálta phearsanta an bonn
a bhaint ón údarás pearsanta, ach ar an drochuair tá an claonadh i
leith an léimh dhírbheathaisnéisigh tar éis teacht salach ar iarrachtaí
áirithe leis an dán seo a léamh mar dhán.

A mhic bhig na gcleas,
Is maith is feas dom
Go ndearnais mí-ghníomh:
Can go fíor do locht.

Maithim dhuit, a leinbh
An bhéil deirg bhoig:
Ní dhaorfar liom neach
Ar pheaca nár thuig.

Do cheann maiseach tóg
Go bpógad do bhéal:
Más fearrde aon dínn sin,
Is fearrde mise é.

Tá cumhracht id' phóig
Nachar fríth fós liom
I bpógaibh na mban
Ná i mbalsam a gcorp.

A mhic na rosg nglas,
An lasair sin id' ghnúis

26. GP, 145.

De m'uamhan bheadh bán
Dá léifeá mo rúin.

An té 'gá bhfuil mo rúin,
Ní fiú é teagmháil leat:
Nach trua an dáil sin,
A mhic bhig na gcleas?[27]

Más fíor don chuntas a thugann Ruth Dudley Edwards ina leabhar
Patrick Pearse: The Triumph of Failure, ba iad cairde an Phiarsaigh,
Tomás Mac Donncha agus Seosamh Pluincéad, is túisce a luaigh go
raibh an baol ann go dtuigfí gur ina phearsa féin a bhí an Piarsach
ag caint sa dán úd agus go léifí é mar ráiteas dírbheathaisnéiseach.
Deir Edwards gur insíodh di gur tháinig alltacht ar an mbeirt acu
nuair a léigh siad an leagan Béarla den dán seo a rinne an Piarsach
féin agus gur mhínigh siad don Phiarsach 'the ignoble construction
[which] might be placed on the poem, and the harm it could do his
school'.[28] Ní deir Edwards céard é go díreach a dúirt an bheirt chairde
leis an bPiarsach; agus níl sé soiléir óna cuntas ar insíodh di céard é

27. Féach Pádraic Mac Piarais, *Suantraidhe agus Goltraidhe* [= SG], The Irish
Review, Baile Átha Cliath, 1914, 10-11; féach Ciarán Ó Coigligh, *Filíocht
Ghaeilge Phádraig Mhic Phiarais* [= FG], An Clóchomhar Tta., Baile Átha Cliath,
1981, 31.
28. TF, 127. Bhreac Edwards síos leagan Béarla an Phiarsaigh de na ceithre véarsa
tosaigh den dán ar shlí a thugann le fios gurbh iad an tríú is an ceathrú véarsa a
chuir alltacht ar Mhac Donncha agus ar Phluincéad: 'Raise your comely head/ Till
I kiss your mouth:/ If either of us is the better of that/ I am the better of it.// There
is fragrance in your kiss/ That I have not found yet/ In the kisses of women/ Or in
the honey of their bodies.' Is cosúil gur tuigeadh do Chiarán Ó Coigligh go raibh
an éirim ghnéasach níos soiléire sa leagan Béarla den dán ná mar a bhí sa bhun-
leagan Gaeilge. Deir sé gur 'soiléir go raibh an dán seo ar na dánta a bhí i gceist ag
Tomás Mac Donncha nuair a scríobh sé: Some of them [na dánta i *Suantraidhe
agus Goltraidhe*] do not well bear translation ... the mere words would give a false
idea of the originals ... ' (FG, 64). Deir sé freisin: 'Léiríonn an t-aistriúchán Béarla
a rinne an Piarsach ar línte 18-20 [de 'A Mhic Bhig na gCleas'] chomh contráilte
is a bhí léirmheastóir amháin [.i. Gearóid Denvir] a scríobh go deireanach ar an
ábhar seo i na chuid tuairimí faoin dán go ginearálta agus faoi na línte sin go
háirithe:/ That flush in thy cheek/ Would be white with dread of me/ Could you read
my secrets.' (FG, 67). Ní fheictear domsa go bhfuil an leagan Béarla den dán aon
phioc níos neamhbhailbhe ná an bunleagan Gaeilge, agus an tuiscint go bhfuil,
sílim go bhfuil sí sin bunaithe ar mhíthuiscint i dtaobh na himní a bhí ar Thomás
Mac Donncha agus ar Sheosamh Pluincéad, más fíor. Feictear dom gur dócha
gurbh amhlaidh a thuig an bheirt sin go gcuirfeadh an leagan Béarla an dán ar fáil
do phobal i bhfad níos mó ná pobal léite na Gaeilge, agus gur mhó dá réir an baol
go léifí an dán mar ráiteas pearsanta ina raibh an Piarsach ag tabhairt cuntais ar rud
a rinne sé féin.

go díreach a dúirt siad leis agus níl sé soiléir ach oiread cé chomh hiontaofa a bhí an tuairisc ar ar bhunaigh sí a cuntas. Mar sin féin leanann sí uirthi lena thabhairt le fios gurb é a bhí i gceist ag an mbeirt chairde go bhféadfaí an dán a léamh mar fhianaise go raibh claonta homaighnéasacha sa Phiarsach agus gur ghoill sé go mór ar an bPiarsach nuair a cuireadh é sin ar a shúile dó.[29] Go deimhin áitíonn sí gurb amhlaidh a bhí an Piarsach homaighnéasach, siúd is go nglacann sí leis nár lig sé riamh lena ais gurbh amhlaidh a bhí.[30] Ar ndóigh, ní bhaineann an cineál seo tuairimíochta beathaisnéisí leis an dán a léamh agus a chiallú beag ná mór, rud a luaigh Frank O'Brien[31] sular foilsíodh leabhar Edwards ar chor ar bith, agus rud a dhearbhaigh Ciarán Ó Coigligh[32] arís dhá bhliain tar éis fhoilsiú leabhar Edwards agus tagairt chuí á déanamh aige don mhéid a dúirt an Piarsach féin ina leithéid eile de chás: 'To say that a priest [Seathrún Céitinn] could not write such a poem [as 'A bhean lán de stuaim'] would be to say that a priest could not be an artist',[33] is é sin le rá go bhféadfadh duine rud nár chuid dá thaithí féin a shamhlú agus a chur i bhfriotal, go bhféadfadh an Céitinneach fadhbanna i dtaobh caidrimh ghnéasúil a shamhlú agus a chur i bhfriotal i ndán fiú mura raibh na fadhbanna sin aige féin.

29. TF, 127-8: 'Pearse was bewildered and hurt: his lifetime quest for purity, chastity, and perfection had blinded him to the instincts reflected in his poetry.' Ní léir cé acu an bhfuil an chaint sin bunaithe ar an tuairisc a tugadh di, nó an tátal atá ann a bhain sí as an rud a dúradh léi, nó an bhfuil cuid den dá rud sin ann.
30. TF, 128: ' … it is inconceivable that a man of Pearse's conventional mores and high code of chivalry could have lived with conscious homosexual inclinations. Certainly, with such knowledge, he could not have gone on writing as he did. Though he never again offered such ammunition as in "Little Lad of the Tricks", many of his later writings are a muted revelation of the same proclivities.' Ní mé an bhfuil na tagairtí gnéasacha ina shaothar ina dhiaidh sin chomh maolaithe sin uile. In The Master a léiríodh den chéad uair i 1915 (féach PSP, Appendix, vii) chuir sé an chaint seo i mbéal na ndaltaí óga agus iad ag caint faoi Iollann Beag, an duine is óige ina measc: '**Maine.** He has a beautiful white body, and, therefore, you all love him; aye, the Master and all. We have no woman here and so we make love to our little Iollann. **Ronan** (laughing). Why, I thrashed him ere-yesterday for putting magories down my neck! **Maine.** Men sometimes thrash their women, Ronan. It is one of the ways of loving' (ibid., 73). Feictear dom freisin nár thug an Piarsach mórán airde ar chaint Mhic Dhonncha agus Phluincéad, más amhlaidh gurb é a dúirt siad leis an rud a deir Edwards a dúirt siad. Féach gur fhoilsigh sé 'A Mhic Bhig na gCleas' arís in Suantraidhe agus Goltraidhe i 1914.
31. Frank O'Brien, Filíocht Ghaeilge na Linne Seo, An Clóchomhar Tta., Baile Átha Cliath, 1968, 12-13.
32. Ciarán Ó Coigligh, 'Filíocht Ghaeilge Phádraig Mhic Phiarais', Comhar, Meán Fómhair, 1979, 9-16, Deireadh Fómhair, 1979, 13-18; leagan athchóirithe in FG, 53-80.
33. Comhar, Deireadh Fómhair, 1979, 14; FG, 65.

Is é an donas é, tar éis dó plé ciallmhar a dhéanamh ar an dán i bhfianaise na tuisceana sin, go ndeachaigh an Coiglíoch freisin i mbun an léimh dhírbheathaisnéisigh:

Cé is moite dá chuid scríbhinní féin, níl aon fhianaise againn go raibh an Piarsach homaighnéasach. Ach i bhfianaise an dáin seo, is deacair a chreidiúint gur chlaonta neamh-chomhfhiosacha ar fad, na claonta follasacha homaighnéasacha a fhaightear ina chuid scríbhneoireachta. Cibé ar bith cé na claonta gnéasacha a bhí ann, ní bhaineann siad blas ar bith dá cháil mar thírghráthóir ná mar fhear liteartha.[34]

Shaighid raitis Edwards agus Uí Choigligh Gearóid Denvir lena áitiú nach ráiteas i dtaobh caidrimh phéidifiliaigh atá sa tagairt don phóg sa tríú véarsa de dhán an Phiarsaigh, agus rinne sé amhlaidh ar shlí a thug le tuiscint go raibh ag teip air siúd freisin idirdhealú a dhéanamh idir údar an dáin agus pearsa an dáin. Chíor sé léamh beathaisnéiseach Edwards go mion agus, siúd is go ndearna sé neamhshuim de léamh beathaisnéiseach Uí Choigligh, d'fhógair sé gur chuir Ó Coigligh le tuairim Edwards faoi chlaonta an Phiarsaigh nuair a dúirt sé go raibh ráiteas homaighnéasach sa dán.[35] Ní hionann rud a rá faoi phearsa dáin agus é a rá faoi údar an dáin; ní hionann a rá go bhfuil ráiteas homaighnéasach i ndán de chuid an Phiarsaigh agus a rá go raibh claonta homaighnéasacha sa Phiarsach féin, ná ní cóir glacadh leis nach bhféadfadh an Piarsach claonta homaighnéasacha a chur i leith pearsan i ndán dá chuid mura mbeadh na claonta sin ann féin.

Fós féachann Gearóid Denvir lena shéanadh go bhfuil tagairt do chlaonta homaighnéasacha i gceist sa dán sin. Deir sé '[gur] cinnte nach grá collaí a bhí i gceist ag an bPiarsach sa dán, gan trácht ar ghrá homaighnéasach ná grá péidifíleach mar a tuigtear inniu é'

---

34. *Comhar*, Deireadh Fómhair, 1979, 14-15; FG, 67-68, ach 'péidifiliacha' in áit 'homaighnéasacha'.

35. 'Nóta ar "A mhic bhig na gcleas"' a foilsíodh i dtosach ar *Comhar*, Feabhra, 1980, 7-9, agus a foilsíodh arís le deireanas in *Litríocht agus Pobal* [= LP], Cló Iar-Chonnachta Teo., Indreabhán, 1997, 185-192, mar ar thagair Denvir don ráiteas seo de chuid Uí Choigligh (*Comhar*, Deireadh Fómhair, 1979, 14): 'Tá oscailteacht an ráitis homaighnéasaigh sna véarsaí seo dosheachanta, agus is mí-ionraic an mhaise do léirmheastóirí nach dtugann aird air' [= FG, 'Tá leid ghnéasach na véarsaí dosheánta … '] agus mar a ndúirt gur chuir an chaint sin le tuairim Edwards go raibh 'latent homosexual tendencies' sa Phiarsach (*Comhar*, Feabhra, 1980, 7; LP, 185).

agus áitíonn '[gurb] é atá i siombail na póige deismireacht nó coin-vinsiún liteartha d'fhonn grá an Phiarsaigh don bhuachaill óg a chur in iúl. Ní grá collaí é seo.'[36] Luann sé go bhfuil tagairtí i luath-litríocht na Gaeilge do 'phóga mar chomhartha cairdis idir beirt fhear',[37] rud atá, ach ní léir dom go soiléiríonn sé sin ar aon tslí nádúr na póige a luaitear i ndán an Phiarsaigh. Is fíor do Denvir freisin gurbh iomaí duine de fhilí an dáin dhírigh a thug le fios gurbh é leannán nó bean chéile an taoisigh é á mhaíomh go ndéanaidís comhleapachas le chéile agus go mbídís ag pógadh a chéile;[38] ach ón uair gur coinvinsiún liteartha ba bun leis an gcaint sin ar fad ní mór glacadh leis gur i bpearsa mná atá an file ag caint agus nach ina phearsa féin, sa tslí nach soláthraíonn na dánta úd aon mhíniú ar dhán an Phiarsaigh ach oiread, mar nach féidir a chruthú gurb é an coinbhinsiún céanna atá i gceist i ndán an Phiarsaigh, má tá coinbhinsiún ar bith i gceist ann. Is mó a bhaineann sé le hábhar gur fíor gur iomaí tagairt atá ag an bPiarsach ina shaothar do phóga ar póga neamhghnéasacha cairdis atá iontu,[39] agus gurbh fhéidir a áitiú ina fhianaise sin gurb amhlaidh atá sa chás áirithe seo freisin. An phóg a thugtar don ghasúr, ní hí sin amháin atá i gceist sa dán, áfach: déantar comórtas idir í sin agus caidreamh collaí a bhí ag an gcainteoir le mná:

Tá cumhracht id' phóig
Nachar fríth fós liom
I bpógaibh na mban
Ná i mbalsam a gcorp.

36. LP, 192, 190; *Comhar*, Feabhra, 1980, 9 (mar a bhfuil an chuid dheireanach den abairt ['gan trácht ... inniu é'] in easnamh).
37. *Comhar*, Feabhra, 1980, 8; LP, 191.
38. *Comhar*, Feabhra, 1980, 8; LP, 190-1.
39. Tá an chaint seo ag Denvir (*Comhar*, Feabhra, 1980, 8; LP 190) roinnt tútach, feictear dom: 'Póg neamhghnéasúil den chineál céanna a thug an bhean sléibhe dá mac chomh maith: "Phóg mé do bhéal, is a Dhia nárbh fhuar é"', ón uair go raibh an mac bocht marbh. Ba thráthúla uaidh tagairtí do chaint seo Sighle in *The Singer* agus í ag cuimhneamh ar a hóige: '**Sighle.** ... my mother's kiss on my mouth when I'd be half asleep ... '/ 'I ... put up my face to [MacDara] to be kissed, and he bent down his head and kissed me. He was so gentle, so gentle', agus caint MacDara sa dráma céanna: 'Some feeling that I must see my mother, and Colm [a aondeartháir], and Sighle [a dheirfiúr uchtaithe], again. A feeling that I must face some great adventure with their kisses on my lips ... I felt that the kisses of those three, warm on my mouth, would be as wine in my blood, strengthening me to bear what men said, and to die with only love and pity in my heart, and no bitterness.'/ ' ... I wanted to have your kiss on my lips, Sighle, as well as my mother's and Colm's.' (PSP, 6, 7, 25, 39).

Ní mór do Denvir a shuíomh ansin go bhfuil idirdhealú á dhéanamh idir 'cumhracht' neamhghnéasach phóg an bhuachalla agus 'an cineál caidrimh chollaí a bhíos ag an duine fásta a bhfuil an tsoineantacht caillte aige.' Is cosúil go nglacann sé leis gur caidreamh peacúil é gach caidreamh heitrighnéasach collaí idir dhaoine fásta.[40] Agus an féidir le Denvir glacadh leis go gcainteodh an Piarsach ar chaidreamh peacúil mar sin ina dhán? Pé scéal é, tá 'rúin' ag an duine fásta a chuirfeadh 'uamhan' ar an ngasúr, dá dtuigfeadh sé gurb amhlaidh atá:

A mhic na rosg nglas,
An lasair sin id' ghnúis
De m'uamhan bheadh bán
Dá léifeá mo rúin.

An té 'gá bhfuil mo rúin,
Ní fiú é teagmháil leat:
Nach trua an dáil sin,
A mhic bhig na gcleas?

An é an caidreamh collaí le mná a luaitear sa cheathrú véarsa a fhágann gurb amhlaidh atá? Nó an gcaithfimid glacadh leis gurb é atá á chur in iúl sa chaint sin go bhfuil an duine fásta truaillithe *per se*?[41] Ar ndóigh, ní hionann 'eolas' a bheith ag an duine fásta agus é bheith truaillithe, ná ní hionann claonta chun na mímhoráltachta a bheith sa duine fásta agus é bheith truaillithe: is féidir leis fós roghnú idir an mhaith agus an t-olc.

Tá dhá mhórfhadhb ag baint leis an áitiú atá á dhéanamh ag Gearóid Denvir ina aiste. Baineann an chéad cheann le nádúr na póige. Pógann beirt a chéile. Ní gá na féidearthachtaí ar fad a lua anseo; is leor an méid seo: féadann an bheirt acu sásamh gnéasach a bhaint as an bpóg, nó féadann duine acu sásamh gnéasach a bhaint aisti fad nach mbaineann an duine eile aon sásamh aisti. An

40. Is fiú a lua, ón uair go nglacann Edwards leis go soláthraíonn an dán seo fianaise i dtaobh claonta an Phiarsaigh, gur chóir di glacadh leis go bhfuil fianaise anseo freisin go raibh caidreamh collaí aige le mná, rud a shéanann sí (TF, 53, 126).
41. Tá an tuiscint Jansenach seo le fáil in aistí Denvir agus Uí Choigligh araon. Denvir: 'nádúr truaillithe duthain an duine' (*Comhar*, Feabhra, 1980, 8; LP, 188); Ó Coigligh: ' … an fhealsúnacht … a dhéanann ionannas idir teacht in inmhe agus/nó saol an duine fhásta agus buaic an truaillithe.' (*Comhar*, Deireadh Fómhair, 1979, 15; FG, 76).

phóg atá i gceist sa dán seo, glacann Gearóid Denvir leis gur póg
neamhghnéasach í ó thaobh an ghasúir de mar nach bhfuil an gasúr
tar éis teacht in inmhe fós. Ní mór dó a áitiú go bhfuil sí neamh-
ghnéasach ó thaobh an chainteora freisin, siúd is nach bhfuil
fianaise ar bith sa dán féin le cur ar son an áitithe sin. Is cosúil gurb
é an t-údar atá leis an áitiú sin go nglacann Gearóid Denvir leis
gurb é an Piarsach féin an cainteoir sa dán: fógraíonn sé gurb é atá
sa phóg siombail a úsáidtear 'd'fhonn grá an Phiarsaigh don
bhuachaill a chur in iúl'.[42] Tá a fhios aige gurb amhlaidh atá mar go
bhfuil a fhios aige cad a bhí i gceist ag an bPiarsach sa dán: 'Is
cinnte nach grá collaí a bhí i gceist ag an bPiarsach sa dán, gan
trácht ar ghrá homaighnéasach ná grá péidifíleach mar a tuigtear
inniu é.'[43] Agus sin í an dara fadhb: cá bhfios dó céard a bhí i gceist
ag an bPiarsach? Níl ann anois ach an dán agus ní féidir ceist a chur
ar an bPiarsach ina thaobh.

I dtaca leis an dán a léamh mar théacs liteartha de, is sásúla go
mór glacadh leis gur liric dhrámata é an dán seo ar an gcaoi
chéanna ar ghlac an Piarsach leis gur 'plainly just a dramatic lyric'
atá in 'A bhean lán de stuaim', agus go bhfuil sé, faoi mar a dúirt
an Piarsach faoin dán eile úd, 'in no sense autobiographical'.[44] Is é
an téacs féin a bhfuil againn, agus tá lánchead againn é a chiallú
dúinn féin ar chuntar nach sáraímid an téacs féin ar aon slí. Á léamh
ar an gcaoi sin is ea a thuigtear dom gur dán i dtaobh an údaráis
phearsanta atá sa dán seo. Sa chéad véarsa glacann an cainteoir an
t-údarás chuige féin, cuireann 'mí-ghníomh' i leith an bhuachalla
agus éilíonn go n-admhódh sé a chiontacht. Ritheann sé leis an
gcainteoir ansin sa dara véarsa nach bhfuil an gasúr in aois na tuisc-
eana, agus ar an ábhar sin nach féidir é a chiontú ná a dhaoradh; dá
bhrí sin tugann sé maithiúnas dó agus sa tríú véarsa tugann sé póg
dó mar chomhartha maithiúnais. Is féidir an méid sin ar fad a léamh
mar chuntas atá soineanta ar fad ar chaidreamh idir duine fásta
tuisceanach agus gasúr ábhailleach. Cuireann an ceathrú véarsa
casadh bunúsach ar an scéal, áfach: bhain an cainteoir sásamh as an
bpóg nár bhain sé as póga na mban ná as caidreamh collaí leo, is é
sin le rá go bhfuil an cainteoir ciontach i gcaidreamh gnéasach leis
an ngasúr, agus mar gur féidir glacadh leis gur fear atá ag caint le
gasúr fir anseo, ní mór a thuiscint gur péidifile atá i gceist. Tuigtear

42. *Comhar*, Feabhra, 1980, 8; LP, 190.
43. *Comhar*, Feabhra, 1980, 9; LP, 192.
44. *Comhar*, Deireadh Fómhair, 1979, 14; FG, 65.

anois nach tagairtí a bhí soineanta ar chor ar bith a bhí sa tagairt do bhéal dearg bog an pháiste sa dara véarsa ná an tagairt don phóg a thug an cainteoir don ghasúr. Sa chúigiú véarsa admhaíonn an cainteoir go bhfuil claonta ann féin a chuirfeadh alltacht ar an ngasúr dá bhféadfadh sé iad a thuiscint, agus is é is féidir glacadh leis gurb é an claonadh péidifileach dá bhfuil sé tar éis géilleadh atá i gceist. Tá an teagmháil mhímhorálta seo tar éis an bonn a bhaint faoin údarás a ghlac an duine fásta chuige féin, agus is í an ghné is gránna den scéal gurb í an phóg a tugadh mar chomhartha maithiúnais ba chúis le héileamh an chainteora ar an údarás a chur ó rath. Ní mór don té a cheapann é féin mar bhreitheamh (nó fiú a cheaptar mar bhreitheamh) a bheith saor ó locht; ach is é fírinne an scéil nach fiú an cainteoir teagmháil a dhéanamh leis an ngasúr, mar a admhaíonn sé go brónach sa véarsa deiridh. Is rí-éifeachtach an deismireacht sa dán úsáid na chéad líne mar líne dheireanach .i. mar dhúnadh. Tá an cainteoir ag agallamh an ghasúra sna focail chéanna a d'úsáid sé i dtosach an dáin, ach faraor tá an caidreamh eatarthu athraithe ó thalamh idir an dá linn.

Fiú má tá duine lag, ní fhágann sé sin go bhfuil sé truaillithe ná mímhacánta, agus is in admháil ionraic a chiontachta agus sa náire atá air dá bharr a d'fhéadfadh slánú a bheith ar fáil don chainteoir. Rabhadh tráthúil is ea an dán, áfach, do lucht an údaráis go gcoillfeadh aon sórt ciontachta a n-éileamh ar ghradam morálta.

Bhí ardmheas ag Pádraig Mac Piarais ar Chú Chulainn arbh é barrshamhail an ógánaigh Ghaelaigh é, dar leis. Ba é an dalta foirfe é. Ba é an laoch cruthanta é.[45] Sna leaganacha deireanacha de *Táin Bó Cúailnge* (sa Leabhar Laighneach, mar shampla), tugtar 'in mac bec' ar Chú Chulainn sa chuid sin den scéal ar a dtugtar 'Na Macgnímrada', agus tugtar le fios nach raibh sé ach cúig bliana d'aois nuair a rinne sé an chéad cheann de na macghníomhartha agus sé bliana d'aois nuair a mharaigh sé cú Chulainn.[46] Luaitear cleasa leis ansin freisin, agus sa bhéaloideas tugtar 'Cú na gcleas' air.[47] Sa bhliain 1909 scríobh Pádraig Mac Piarais an chaithréim

45. Féach an dán 'Mise Éire' a foilsíodh den chéad uair i 1912: 'Mór mo ghlóir:/ Mé do rug Cú Chulainn cróga' (FG, 37).
46. R.I. Best & M.A. O'Brien, *The Book of Leinster*, DIAS, Dublin, 1956, ll. 8309, -10, -14, -30, -51, etc.; 8373-4; 8470-1.
47. *Ibid.*, ll. 9368-72; agus féach teideal an leabhair a d'fhoilsigh Íde Nic Néill agus Séamus Ó Searcaigh ina bhfuil 'Sgéal Chúchulainn' a d'inis Séamus Ó Grianna, .i. *Cú na gCleas agus Sgéalta Eile* (Tempest, Dundalk, 1914). I saothar fhilí na Gaeilge clasaicí tugtar 'Cú Chulainn na gcleas ngoile' agus 'Cú an chleasraidh' air.

Mac-ghníomhartha Chúchulainn, léiríodh í sin i Scoil Éanna ar 22 Meitheamh na bliana sin agus foilsíodh í ar *An Macaomh*, iris na scoile sin, an bhliain chéanna sin. Ar eagrán Ernst Windisch de *Táin Bó Cúalnge*, arb é leagan an Leabhair Laighnigh atá ann agus a foilsíodh i Leipzig sa bhliain 1905, a bhunaigh an Piarsach an chaithréim úd, ní foláir. Is léir sin i bhfianaise a dhílse a fhreagraíonn friotal na caithréime do fhriotal 'Na Macgnímrada' sa Leabhar Laighneach. 'An mac beag' a thugtar ar Setanta / Cú Chulainn tríd an gcaithréim síos, faoi mar a thugtar in 'Na Macgnímrada' sa Leabhar Laighneach; ach i dtreo dheireadh na caithréime tugtar 'Mac beag brónach dubh is áille de mhic Éireann' air,[48] tuairisc nach bhfuil in 'Na Macgnímrada', ach atá bunaithe ar thuairisc a thugtar ar Chú Chulainn in *Tochmarc Emire*.[49] Sa chéad eagrán eile de *An Macaomh* a foilsíodh sa bhliain 1909 chomh maith is ea a chuir an Piarsach an dán 'A Mhic Bhig na gCleas' i gcló. Níl aon amhras nach le Cú Chulainn, 'an mac beag brónach dubh is áille de mhic Éireann', 'Cú na gcleas', a bhí gasúirín an dáin á shamhlú aige. Más ea, páiste foirfe is ea an gasúirín, i ndáiríre, rud a chuireann go mór lena náirí a bhí iompar an chainteora sa dán.

Nuair a bhí an Piarsach i mbun miotais laochta a chruthú, bhí baint mhór ag Cú Chulainn le hábhar an mhiotais, ach bhí sé éasca casadh reiligiúnach a chur air freisin ón uair go bhféadfaí Cú Chulainn agus Críost a shamhlú lena chéile.

Dalta de chuid an Phiarsaigh ab ea Desmond Ryan agus ba é a rúnaí é níos deireanaí ina shaol. Níor theip an áibhéil riamh ar Desmond Ryan agus é ag trácht ar an bPiarsach agus ba é a dhála sin é sa tagairt seo a rinne sé don spéis a chuir an Piarsach sa *Táin*: ' … he read [*Táin Bó Chuailgne*] … with the care and attention [with which] most of us read newspapers … '[50] Más ea, bhain sé a thuiscint an-phearsanta féin as ar léigh sé. Ag tagairt don chaithréim, *Mac-ghníomhartha Chúchulainn*, dúirt sé sa bhliain 1909:

It may be wondered why we have undertaken the comparatively ambitious project of a Cuchulainn Pageant so early in

48. Féach Séamas Ó Buachalla, *Na Scríbhinní Liteartha le Pádraig Mac Piarais*, Cló Mercier, Baile Átha Cliath & Corcaigh, 1979, 142-155; 154.
49. Féach 'Fer bróenach dub … is áilldem di feraib Érenn' in *Tochmarc Emire* (eag. A.G. Van Hamel, *Compert Con Culainn and other Stories*, Dublin Institute for Advanced Studies, 1933 (1968), 25. Bhí Kuno Meyer tar éis an scéal sin a chur in eagar in *Zeitschrift für Celtische Philologie* III (1901), 229-63. Tugann sé seo le fios go raibh an Piarsach ag tarraingt as foinsí eile seachas an *Táin* féin.
50. *Collected Works of Padraic H. Pearse, The story of a success … and the man called Pearse*, 150.

our career, so soon too, after our St. Enda's Day Celebration.
The reason is that we were anxious to crown our first year's
work with something worthy and symbolic; anxious to send
our boys home with the knightly image of Cuchulainn in
their hearts, and his knightly words ringing in their ears.
They will leave St. Enda's under the spell of the magic of
their most beloved hero, the Macaomh who is, after all, the
greatest figure in the epic of their country, indeed, as I think,
the greatest in the epic of the world.[51]

Ní fheileann an focal 'ridiriúil' ar chor ar bith don *Táin* ná do
Chú Chulainn: is léir gur éirigh leis an bPiarsach súil a dhúnadh ar
mhórán dá bhfuil sa *Táin*, foréigean, marú agus sléacht, cuid mhór
de gan chúis, chun scéal ridiriúil a scagadh as, ach ba é toradh a
chuid léitheoireachta gur tuigeadh dó gurb é Cú Chulainn an laoch
ba fhoirfe dá raibh ag na Gaeil ('the most perfect hero of the
Gael'[52]). Thug sé an tuiscint sin i bhfad níos faide sa bhliain 1912
nuair a d'fhógair sé gur macasamhail scéal an tslánaithe Chríostaí
a bhí i scéal Chú Chulainn:

> … The story of Cuchulainn symbolises the redemption of
> man by a sinless God. The curse of primal sin lies upon a
> people; new and personal sin brings doom to their doors;
> they are powerless to save themselves; a youth, free from the
> curse, akin with them through his mother but through his
> father divine, redeems them by his valour; and his own death
> comes from it. I do not mean that the Tain is a conscious
> allegory: but there is the story in its essence, and it is like a
> retelling (or is it a fore-telling?) of the story of Calvary.
> Whether you agree with me or not, you will agree as to the
> greatness of the theme, stated thus in its essentials; and you
> will no longer, I hope, think of the Tain as the tale of an
> ancient Cattle Drive.[53]

'Stated thus in its essentials'. Sea, tá an dianscagadh déanta arís
ag an bPiarsach. Bhí an chomhthreomhaireacht idir scéal Chú
Chulainn agus scéal Chríost áitithe cheana féin i luathlitríocht na

51. SS, 21.
52. SS, 34.
53. SIR, 156.

Gaeilge ar bhealaí éagsúla,[54] ní nach ionadh ón uair gur i gcomhthéacs na luath-Chríostaíochta Gaelaí a cumadh agus a seachadadh na téacsanna úd.[55] Ach d'aithin an Piarsach patrún níos uileghabhálaí fós. Tharlódh gur as a stuaim féin ar fad a rinne sé amhlaidh; ach d'fhéadfaí a cheapadh freisin gur i bhfianaise na dtuiscintí i dtaobh bheathaisnéis an laoich a bhí á bhfoilsiú le glúin anuas[56] a rinne sé é. I sraith de leabhair a foilsíodh idir 1871 agus 1876 léirigh J.G. von Hahn bunphatrún bheathaisnéis an laoich; in 1881 léirigh Alfred Nutt go raibh an patrún céanna le feiceáil sa laochscéalaíocht Cheilteach; agus in 1909 léirigh Otto Rank go raibh sé le feiceáil i mbeatha Chríost. Bhain fadhbanna leis na tuiscintí sin i dtaca le Críost de, go háirithe maidir leis an mbrí a d'fhéadfaí a bhaint astu nach raibh sna Soiscéal ach ficsean, agus nach pearsa stairiúil ab ea Críost.[57] Tuigtear anois, áfach, nach ionann a rá go bhfuil an patrún seo le haithint i mbeathaisnéis duine agus a rá nach pearsa stairiúil é: tuigtear gur féidir le beathaisnéis duine stairiúil a bheith ag teacht leis an bpatrún seo toisc go bhfuil na fíricí stairiúla á gclaochlú sa bheathaisnéis laochta. Tuigtear anois freisin gur gá brí sách leathan a thabhairt don fhocal 'laoch' sa chomhthéacs seo. Ní i mbeathaisnéis an laoich chogúil amháin (m.sh. Cú Chulainn) a bhíonn an patrún seo le haithint, ach i mbeathaisnéis an laoich intleachtúil freisin (m.sh. Cormac mac

54. In *Aided Oenfhir Aífe* (eag. A.G. Van Hamel, *Compert Con Culainn and Other Stories*, DIAS, 1968 (1933), cuirtear Cú Chulainn i gcomparáid le Dia Athar nuair a íobraíonn sé a mhac Conla 'ar inchaibh Ulad' agus nuair a bhaineann sé úsáid as macalla chaint an Athar sna soiscéil shionoptacha (m.sh. Matha 3.17: 'Agus tháinig glór ó na flaithis a dúirt: "Is é seo mo Mhac muirneach dár thug mé gnaoi."') á rá i dtaobh Chonla: 'Aso mo macsa dúibh, a Ultu' (*op. cit.*, 14, 15); bhí Kuno Meyer tar éis an téacs sin a chur in eagar in *Ériu* I (1904). Agus cuirtear Cú Chulainn i gcomparáid le Críost féin in *Tochmarc Emire* nuair a deirtear gur trí bliana tríochad saoil a bheadh aige (Van Hamel, 60). Tá mé buíoch den Ollamh Ruairí Ó hUiginn as na tagairtí sin a chur ar mo shúile dom.
55. Féach Kim McCone, *Pagan Past and Christian Present in Early Irish Literature*, An Sagart, Maynooth, 1990, 1, 4 agus *passim*.
56. Tá gearrchcuntas úsáideach ar fhorbairt na dtuiscintí sin in Tomás Ó Cathasaigh, *The Heroic Biography of Cormac mac Airt*, Dublin Institute for Advanced Studies, 1977, 2-8.
57. Bhí de dheacracht ag baint leis an taighde a bhí á dhéanamh ar na Soiscéil ag leithéidí Arthur Drews i dtosach na haoise seo gurb é an toradh a bhí air stairiúlacht Chríost a shéanadh (féach Alan Dundes in 'The hero pattern and the life of Jesus' in *Interpreting Folklore*, Indiana University Press, Bloomington & London, 1980, (223-261), 227-8), rud a d'fhág go rabhthas in amhras i dtaobh aon taighde ar nós an taighde i dtaobh na beathaisnéise laochta fad a ceapadh go raibh sé ag cur amhrais ar stairiúlacht Chríost.

Airt⁵⁸), agus ar ndóigh i mbeathaisnéis an laoich mhorálta (m.sh.
Críost).

Ní féidir liom a shuí go raibh aon chuid den saothar i dtaobh
bheathaisnéis an laoich léite ag an bPiarsach; agus maidir lena
aithint gur bhain an patrún laochta le beathaisnéis Chríost, siúd is
go raibh sé sin déanta ag Rank i 1909, níor foilsíodh a leabhar i
mBéarla go dtí 1914. Ar aon chaoi, níl sé i gceist go mbaineann
beathaisnéisí na laochra éagsúla lena chéile seachas iad a bheith ag
teacht leis an bpatrún céanna. Níl bunús ar bith sna tuiscintí i
dtaobh na beathaisnéise laochta le Cú Chulainn agus Críost a
shamhlú lena chéile, ná lena rá gurb é atá i scéal Chú Chulainn 'a
retelling (or ... a foretelling ...) of the story of Calvary'. Léamh
pearsanta an Phiarsaigh is ea é sin, agus léamh is ea é a thugann
léargas éachtach dúinn ar a dhúthrachtaí agus a dhána a bhí sé agus
é ag cuardach na gcomhthreomhaireachtaí idir seanlitríocht na
nGael agus litríocht na Críostaíochta.

I bhfianaise na dánaíochta sin, níor cheart go mbeadh mórán
iontais orainn teacht ar an gcineál céanna comhthreomhaireachta
ina shaothar agus é ag foilsiú a thuisceana i dtaobh na gcáilíochtaí
a theastódh ón laoch nua a shlánódh na Gaeil san fhichiú céad, rud
atá déanta aige sa dá dhráma, *An Rí*, a léiríodh den chéad uair sa
bhliain 1912, agus *The Singer*, a scríobhadh i bhfómhar na bliana
1915. 'Fáithchluiche' a tugadh ar *An Rí* nuair a cuireadh i gcló in
An Macaomh (1913) é. Tá an rí tar éis teip i gcath i ndiaidh catha i
gcoinne a naimhde, agus is é an chúis atá leis sin ná gur drochrí
urchóideach, éagórach é:

> **An tAb.** An dóigh libh go nglacfar íodhbhairt ó lámhaibh
> truaillighthe? Do dhoirt an Rí so fuil na neimhchionntach.
> Do rinne tána agus creacha. Do ghéar-lean na boicht. Do
> thréig muinnteardhas Dé agus do chuaidh i gcaradas méir-
> leach ... Aingeal do badh chóir do chur ag dortadh fíona
> agus ag briseadh aráin na hiodhbartha so. Ní do Rígh
> urchóideach is dorttha an fíon uasal bhíos i gcuisleannaibh
> deagh-laoch. Ní ar fhuráileamh Ríogh chionntaigh is
> ciorrbhuighthe caomh-cholna. Adeirim libh nach nglacfar an
> iodhbairt uaidh ... Is cionntach gach cine i gcionntaibh a

58. *The Heroic Biography of Cormac mac Airt*, 10-11.

ríoghraidhe. Adeirim libh nach saorfar an cine so go
ngabhaid chuca Rí ionnraic.[59]

Ní shaorfar an cine 'go ngabhaid chuca Rí ionraic', ach níl aon
duine ar an gcuideachta atá i láthair, fiú i measc na manach is na
ndaltaí, atá gan pheaca, ach amháin an duine is óige de na daltaí,
Giolla na Naomh. Tá sé seo gan locht ar fad: deir an t-ab gurb é 'an
tseod do b'uaisle dá raibh [ina] theach é'.[60] 'An mac beag' a
thugann sé air, á chur in iúl gurb é an t-ath-Chú Chulainn é.
Ceaptar ina rí é; téann sé sa chath agus buann sé ar an namhaid,
ach maraítear é féin, óir mar a bhí an t-ab tar éis a rá, 'ní ceann-
uighthear an tsaoirse acht le mór-luach'. Ordaíonn an t-ab dá
mhuintir gan an leanbh marbh a chaoineadh 'óir cheannuigh sé
saoirse dá chine',[61] caint a thugann le fios gurb é athghin Chríost,
an t-íobartach gan smál, an páiste freisin.

Ní hé an rí a rialaíonn a ríocht atá i gceist in An Rí, ach an rí a
bheadh ina cheannaire sa chath a throidfí ar son a mhuintire chun
iad a shaoradh. Tá sé sin amhlaidh, ní foláir, le go bhfreagródh an
allagóir do chúinsí na hÉireann i dtosach an chéid seo mar a
chonaic an Piarsach iad. Bhí cath le troid le muintir na hÉireann a
shaoradh: go dtí go mbeadh an cath sin buaite, níor ghá bheith ag
trácht ar rialú na tíre. Ach an té a bheadh i gceannas sa chath sin,
chaithfeadh sé a bheith chomh saor ó chion leis an bpáiste, chomh
cróga le Cú Chulainn agus chomh sásta é féin a íobairt ar son a
mhuintire le Críost. Ní íobartach amháin a bhí i gCríost ach sagart
chomh maith agus níor mhór don rí cóir a bheith feiliúnach le fíon
na híobartha a dhoirteadh agus le harán na híobartha a bhriseadh,
tagairt fhollasach d'iobairt an Aifrinn.

Déantar an tuiscint i dtaobh na híobartha riachtanaí a ath-
dhearbhú in The Singer, dráma a bhfuil cúlra comhaimseartha aige.
Ní ag súil le bua a théann an tAmhránaí amach leis an namhaid a
throid, ach fearacht Chríost, len a anam a imirt ar son a mhuintire:

MacDara … One man can free a people as one Man redeemed
the world. I will take no pike, I will go into the battle with bare

59. Scríbhinní Phádraig Mhic Phiarais, Cumann Foillseoireachta an Phoénics
Teor., Baile Átha Cliath, 1924 (1917), 10.
60. Ibid., 22.
61. Ibid., 23, 27.

hands. I will stand up before the Gall as Christ hung naked
before men on the tree.[62]

Faoi mar a d'fhéadfaí Cú Chulainn, laoch na Tána, a shamhlú le
Críost, d'fhéadfaí an tAmhránaí, ceap laochais an fichiú haois, a
shamhlú leis chomh maith céanna.

Gan amhras ar bith, bhí an creideamh Críostaí agus an mhorált-
acht Chríostaí mar dhlúth faoi inneach smaointeachas an Phiarsaigh
faoi mar atá sé arna nochtadh sa chuid dá shaothar liteartha atá
pléite agam. Ar an gcaoi sin bhí sé dílis don tuiscint a bhí aige ar
thraidisiún liteartha na nGael. Ar an drochuair, ní ró-shásta a bhí
cuid de na Gaeil leis an smaointeachas sin, lena linn féin agus ina
dhiaidh sin freisin, go háirithe i dtaca leis an dearcadh a nocht sé
sna drámaí a bhí faoi chaibidil agam anois beag. Bhí daoine go leor
nach raibh ró-thógtha leis an áitiú a rinne sé i dtaobh riachtanas na
híobartha chun an cine a shaoradh, pé scéal é, go háirithe ón uair go
raibh sé nádúrtha go dtuigfí gurb é a bhí ann cuid de theagasc an
Phiarsaigh i dtaobh 'baisteadh fola'. Ach ba mheasa fós é nuair a
léadh na drámaí seo mar ráitis dhírbheathaisnéiseacha agus gur
tuigeadh go raibh an Piarsach, i bpearsa Mhac Dara in *The Singer*,
mar shampla, á shamhlú féin le Críost. Sotal ab ea é seo nárbh
fhéidir a mhaitheamh dó. Fiú má dhiúltaímid, mar ba chóir, a
shaothar cruthaitheach a léamh go beathaisnéiseach, ní mór a
admháil go bhfágann claonadh an Phiarsaigh i dtreo an idéalachais
cuma mí-réalaíoch ar a shaothar, agus go bhfuil sé sin amhlaidh, i
gcúrsaí creidimh, go háirithe maidir lena thuiscintí i dtaobh an
mhisteachais agus na híobartha. Idéal is ea an aithris ar Chríost,
'searcleanúint Chríost', an *Nachfolge Christi*. Idéal is ea é, go
háirithe, go mbeadh an Críostaí in ann caidreamh misteach a
dhéanamh le Dia, nó go leanfadh an Críostaí a mháistir go dtí an
bás agus go nglacfadh sé go litriúil le focail Chríost, 'Níl grá ag aon
duine níos mó ná seo, go dtabharfadh duine a anam ar son a
chairde' (Eoin 15.13). Tá sé míréalaíoch a cheapadh go mbainfeadh
gnáth-Chríostaithe na hidéil sin amach, agus tá an baol ann, dá
bharr sin, nach rachadh na gnéithe sin de shaothar an Phiarsaigh i
gcion ar dhaoine. Mar sin féin níor mhiste dó féachaint leis na

62. PSP, 43-4. Bhí MacDara tar éis é féin a ionannú le Críost níos túisce sa dráma,
tráth a ndúirt sé ar theacht abhaile dó tar éis imirce fada: 'I meant this to be a home-
coming, but it seems only like a meeting on the way ... When my mother stood up
to meet me with her arms stretched out to me, I thought of Mary meeting her Son
on the Dolorous Way.' (PSP, 24).

hidéil Chríostaí a chur i bhfriotal; agus anuas air sin, bhí, agus tá,
ábhar mór machnaimh do chách sa léiriú éifeachtach atá tugtha ag
an bPiarsach ar a thábhachtaí atá sé go mbeadh bun slán morálta
faoi chleachtadh an údaráis. Ní beag sin.

AGUISÍN

Samplaí léiritheacha de athúsáid na cainte:
(Na samplaí is cóngaraí don ráiteas dírbheathaisnéiseach,
tá siad marcáilte le *)

1.1   *An Rí* (1911): **An tAb.** Freagróchar thú, a eachlaigh, a bháis! …
      Adeirim leat go bhfuil Dia tar éis labhartha tré ghlór a shean-each-
      laigh …
1.2. *'Fada liom do theacht'(1914): Fada liom do theacht,/ a
      sheaneachlaigh Dé …

2.1   *An Rí* (1911): **An tAb.** Freagróchar thú, a eachlaigh, a bháis! Ní
      mór liom duit mo dhalta.
2.2   *The Singer* (1915): **Máire.** I am his mother, and I do not grudge
      him.
2.3   *'The Mother' (1915): I do not grudge them: Lord, I do not grudge/
      My two strong sons whom I have seen go out/ To break their
      strength and die …

3.1   *'Fornocht do chonac thu' (1912): Fornocht do chonac thu,/ A áille
      na háille,/ Is do dhallas mo shúil/ Ar eagla go stánfainn./ … Do
      chruas mo chroí/ Is mo mhian do mhúchas.
3.2. *The Singer*: **MacDara.** Master, [Sighle] is very beautiful. I did not
      know a woman could be so beautiful. I thought that all beauty was
      in the heart, that beauty was a secret thing that could be seen only
      with the eyes of reverie, or in a dream of some unborn splendour.
      I had schooled myself to think physical beauty an unholy thing. I
      tried to keep my heart virginal; and sometimes in the street of a city
      when I have stopped to look at the white limbs of some beautiful
      child, and have felt the pain that the sight of great beauty brings, I
      have wished that I could blind my eyes so that I might shut out the
      sight of everything that tempted me … And I have hardened my
      heart and kept myself cold and chaste as the top of a high moun-
      tain …

4.1   *'A éin bhig' (1906): A éin bhig!/ Fuar liom do luí ar an lig:/ A éin
      nár smuain riamh olc,/ Trua triall an bháis ort. (Gealbhan do fuaras
      ar lic mo dhorais lá geimhridh agus é marbh).
4.2   *The Singer*: **Maoilsheachlainn.** Do you remember when you were
      a gossoon, how you … made a song … about the red robin you
      found perished on the doorstep?

5.1   *The Singer*: **MacDara**. When I went away first my heart was as if
       dead and dumb and I could not make any songs. After a while,
       when I was going through the sweet, green country, and I used to
       come to little towns where I'd see children playing, my heart
       seemed to open again like hard ground that would be watered with
       rain. The first song that I made was about the children that I saw
       playing in the street of Kilconnell.

5.2   *'The wayfarer'* (1916): The beauty of the world hath made me
       sad,/ This beauty that will pass;/ Sometimes my heart hath shaken
       with great joy/ To see ... / ... children ... playing on the streets/ Of
       little towns in Connacht,/ Things young and happy ...

NODA

FG   Ciarán Ó Coigligh, *Filíocht Ghaeilge Phádraig Mhic Phiarais*, An
       Clóchomhar Tta., Baile Átha Cliath, 1981.
GP   Cathal Ó Háinle, *Gearrscéalta an Phiarsaigh*, Cló Thalbóid, Baile
       Átha Cliath 1999 (1979).
LP   Gearóid Denvir, *Litríocht agus Pobal*, Cló Iar-Chonnachta Teo.,
       Indreabhán, 1997.
PSP   Pádraic H. Pearse, *Collected Works ... Plays, Stories, Poems*, The
       Phoenix Publishing Co. Ltd., Dublin, 1924 (1917).
SG   Pádraic Mac Piarais, *Suantraidhe agus Goltraidhe*, The Irish
       Review, 1914.
SIR   Pádraic H. Pearse, *Collected Works ... Songs of the Irish Rebels
       etc.*, The Phoenix Publishing Co. Ltd., Dublin, 1924.
SS   Patrick H. Pearse, *The Story of a Success* (eag. Desmond Ryan),
       Maunsell & Co., Dublin, 1917.
TF   Ruth Dudley Edwards, *Patrick Pearse: The Triumph of Failure*,
       Faber & Faber, London, 1979 (1977).